mark

這個系列標記的是一些人、一些事件與活動。

mark 107
西藏火鳳凰：
獻給所有自焚藏人

作者：唯色（Tsering Woeser）
封面設計：艾未未
內頁畫作：井早智代、劉毅
地圖繪製：Christophe Besuchet
責任編輯：潘乃慧
美術編輯：顏一立
校對：呂佳真、唯色
法律顧問：全理法律事務所董安丹律師
出版者：大塊文化出版股份有限公司
台北市10550南京東路四段25號11樓
www.locuspublishing.com
讀者服務專線：0800-006689
TEL：(02)87123898 FAX：(02)87123897
郵撥帳號：18955675 戶名：大塊文化出版股份有限公司
版權所有 翻印必究

本書照片由作者提供
內頁畫作，除了附錄三的自焚者肖像為劉毅創作，
其餘皆由井早智代所繪（圖說翻譯：更桑東智）

總經銷：大和書報圖書股份有限公司
地址：新北市新莊區五工五路2號
TEL：(02) 89902588 FAX：(02) 22901658
初版一刷：2015年3月

定價：新台幣290元
Printed in Taiwan

唯色 Tsering Woeser

西藏火鳳凰

獻給所有自焚藏人

Immolations au Tibet
La Honte du monde

二〇一二年三月二十六日自焚的流亡藏人江白益西。
（此照片由作者提供，實際拍攝者不便公開）

目錄

一些故事

序

　　二〇〇九年二月二十七日，正值西藏新年第三天，當一場紀念遇難者的祈禱法會被取消，二十四歲的阿壩僧人扎白走出寺院，當街自焚，成為西藏境內自焚運動的第一人。

　　那年的新年與之後數年的新年一樣，各地多數藏人是

以靜默紀念的方式度過的，一句口號暗中流傳——「不過新年」。

那年的「不過新年」，與二〇〇八年三月遍及全藏地的抗議和中國政府的鎮壓有關。在二〇〇八年，無數藏人被殺、被捕、被判刑、被失蹤。扎白的家鄉——在扎白之後多達三十七位藏人自焚的阿壩，僅二〇〇八年三月十六日這天，因當局強迫在著名的格爾登寺大經堂頂懸掛中國國旗，引發數千僧侶與民眾抗議遊行，結果有二十多人在軍警屠殺中命喪街頭，包括孕婦、五歲的孩子和十六歲的女中學生。

我訪問過經歷當時抗議與鎮壓的阿壩僧人，他們回憶：

「遇難者的遺體送到格爾登寺大經堂前，由僧眾修法超度亡魂。當時，看到那些血肉模糊的遇難者，彭措（扎白之後的第二位自焚者，格爾登寺僧人）在做法事時，痛哭不止。」

「二〇〇八年，藏人被打的打，被抓的抓，被槍殺的

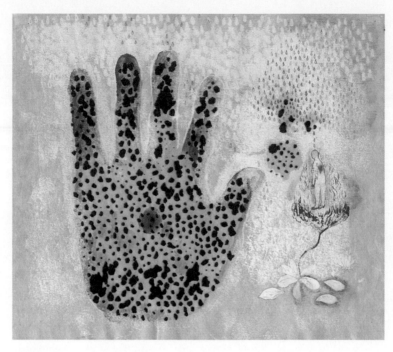

雨白火紅

白色的雨滴，紅色的火焰，
紅色的手掌，白色的花瓣。

——二〇一二年八月二十一日

槍殺，被致殘的致殘，許多藏人都產生了強烈的反對中國政府的意識。」

「二○○八年喚醒了我們，也改變了我們。」

……

扎白在自焚前寫下遺書：如果當局禁止為亡者舉行祈福的法會，那麼他會自焚。[1]

那天晚上從網上看到扎白自焚的消息，我的震驚有兩重：一是為這決絕的自焚；二是為扎白在燃燒時竟然還會被軍警開槍射擊。是的，有目擊者聽到槍響後扎白倒地，隨後警察將他扔上車帶走。傳到網上的現場照片[2]可以看到：撲倒在地的扎白周圍有多達十六名特警和便衣，至少三人手裡端著警用防暴槍，一人手握類似警棍的武器。

同寺僧人說扎白的腿和右臂中彈，從此落下殘疾。但中國官媒新華社否認他被槍擊，作為政府喉舌的中央電視台（CCTV）還播放過扎白在醫院獲得治療的場景。但是迄今已過六年，扎白從未返回家鄉與寺院，無人知道他的

下落。而拍下扎白自焚現場照片並發送外界的格爾登寺僧人江廓，遭判刑六年半。

從扎白的自焚開始，我記錄下每一位自焚者的情況，發布於我的博客。一如二〇〇八年西藏抗議運動期間，我每天用博客發布各地的事件。但我無論如何也沒有預料到，後來會有這麼多藏人以身浴火，以致一種新的抗議形式正在出現。我更沒有預料到，我的記錄常常追不上一個個生命被烈火燃燒的速度。至二〇一四年十二月二十三日，已知一百四十位藏人自焚，可謂人類歷史罕見，其慘烈難以描述。

在西藏的歷史上，尤其在西藏的當代史上，從未有如此眾多、遍及城鎮與鄉村的藏人焚身明志。一首反對種族隔離、呼籲爭取自由的英語歌曲《Biko》[3]流傳多年，正可以作為寫照。歌中吟唱：「你可以吹滅蠟燭，但你吹不滅大火；火焰一旦燃起，風將吹它更高。」

1．http://yyyyiiii.blogspot.com/2012/06/blog-post_04.html。
2．http://yyyyiiii.blogspot.com/2012/06/blog-post_04.html。
3．http://www.youtube.com/watch?v=iLg-8Jxi5aE。

藏人自焚
概況

　　中國政府將藏人自焚定性為「犯罪」，在全藏地頒布「反自焚專項鬥爭實施方案」，開展「反自焚運動」，一方面嚴密封鎖自焚消息外洩；另一方面實行連坐，一人自焚，全家全村或全寺都被牽連，親友同鄉中會有多人遭抓捕判刑。在這種高壓下，不少自焚的消息是在數日、甚至

數月後才艱難傳出。很有可能在全藏地發生的自焚事件不只目前公布的數字，比如二〇一三年三月底傳出在康區結古多（青海省玉樹藏族自治州玉樹縣），有藏人婦女抗議房屋被強拆而自焚，因無法瞭解更多資訊，至今未能確認。所以在此敘述藏人自焚之概況，只是依照已經公布、得到確認的資料：

從二〇〇九年二月二十七日至二〇一四年十二月二十三日，在境內藏地有一百三十五位藏人自焚，在境外有五位流亡藏人自焚，共一百四十位藏人自焚，包括二十一位女性。其中，我們所知道的，已有一百一十九人犧牲，包括境內藏地一百一十六人，境外三人。

概而言之：二〇〇九年發生一起自焚；二〇一一年發生十四起自焚；二〇一二年發生八十六起自焚；二〇一三年一至十二月發生二十八起自焚；二〇一四年二至十二月發生十一起自焚。

在一百四十位自焚者中，最年長的六十四歲，最年輕的十六歲。大多數是青壯年，平均年齡約二十七歲。

在一百四十位自焚者中，男性一百一十九人，女性二十一人；其中有二十六位父親、十位母親，遺下年幼的孩子。

在一百四十位自焚者中，有三位高階僧侶（Rinpoche，朱古），三十八位普通僧侶，七位尼師，共計四十八位僧尼，涉及藏傳佛教格魯派、寧瑪派、薩迦派、覺囊派，以格魯派僧尼居多。

在一百四十位自焚者中，有七十位牧民和農民，大多數是牧民；其中十位牧民曾是僧人，遭當局派駐寺院的工作組驅逐出寺；四人曾是僧人，屬自己還俗離寺。其中一位自焚犧牲的農民，原為藏傳佛教噶舉派寺院僧人；六位自焚犧牲的牧民，屬藏傳佛教覺囊派所在地區。一位自焚犧牲的牧民，是藏傳佛教著名的貢唐倉仁波切的外祖父。

在一百四十位自焚者中，還有兩位女中學生、四位男學生、三位打工者、四位商販、一位木匠、一位網路作家、一位唐卡畫師、一位計程車司機、一位中共黨員退休幹部、一位護林員、一位洗車店店主，還有兩位是流亡西藏活動

人士。可以說，涉及藏人社會的多個階層，其中這三個群體值得關注：僧侶、牧民、學生。

另外，還有七位試圖自焚或自焚未成的藏人，其中兩人身亡，兩人被捕無音訊，三人是在印度的流亡者。

自焚的火焰遍及全藏多個地區，即傳統西藏地理所指的安多、衛藏、康區、嘉絨、羌塘等地區（分屬於今日中國行政區劃的西藏自治區、四川省、青海省、甘肅省），其中安多地區多達一百零九人，以安多阿壩（四川省阿壩藏族羌族自治州阿壩縣）最多，三十七人自焚；其次是安多桑曲（甘肅省甘南藏族自治州夏河縣），十八人自焚；安多熱貢（青海省黃南藏族自治州同仁縣），十一人自焚；以及安多左格（四川省阿壩藏族羌族自治州若爾蓋縣），九人自焚。

並且，自焚的火焰燃至境外。如二〇一二年三月在新德里，流亡藏人江白益西在抗議中國主席胡錦濤即將訪問印度的集會上自焚，他全身裹著火焰奔走呼喊的悲壯場面曾被許多媒體拍攝到，並傳遍世界；他被稱作「人權火

炬」，用全身的火焰照亮了現實世界的黑暗。二〇一三年二月在加德滿都，來自康區的年輕朱古（高階僧侶）竹欽澤仁在抵達該地二十餘日後自焚，由於受到中國政府的壓力，尼泊爾政府不但不把他的遺體交予藏人流亡社區，依佛教傳統安排葬禮，甚至將遺體輕率火化，骨灰被扔棄。同樣，二〇一三年八月六日，拉薩傳統節日「雪頓節」之日，在加德滿都自焚犧牲的嘎瑪俄頓嘉措，這位從拉薩當雄流亡異國的僧人，他的遺體也遭到如此對待。

自焚
是一種抗議

　　必須要說明的是，自焚這個詞的真實意義一定不是字面上的。如果只停留在字面上，就會有曲解。很多人把自焚看成自殺，因為表面看，那是一種自己點火燃燒自己的行為。可是，如果僅是想死，方法有很多，為什麼一定要去讓身體的每個細胞被烈火逐一燒焦？理解的關鍵恰在於

此：自焚者就是要以常人無法承受的極端痛苦，去發出最強烈的抗議，以贏得自身的尊嚴。絕食作為一種抗議，已被世人普遍接受和尊重，自焚卻往往被避而不談，原因就在於那種痛苦超過了多數人哪怕在想像中也難以承受的極限。但是，人不必自身敢於自焚，只要敢於在想像中正視自焚，就可以看到自焚者以渺小的一己之軀，與龐大的暴政機器抗爭的英勇與悲壯。

尤其是，迄今一百四十位藏人的自焚，除了兩位玉樹婦女是因住房被拆遷而自焚（類似的自焚在中國發生過多起），其餘都不是出於個人利益。僅僅用「自焚」來定義這世上罕有的義舉，只能說明語言的貧乏與蒼白。因此，對藏人的自焚，是否應該用另一種重新發明的語言來描述？否則無法與如此眾多的犧牲者的行為相匹配。在被限制自由發聲的中國網路上，年輕的藏人們用「供燈」（指藏傳佛教信徒在佛像前點燃供奉的酥油燈）這個詞彙來指代以身獻祭的族人，或者用「點燈」來暗喻又一次發生的自焚，以表達自焚行為中捨身利他的宗教意義。

正如一九六三年的一天，越南的一位佛教僧侶在西貢鬧市自焚，被推崇為偉大的殉教者，並由後人為他塑造銅像，再現自焚的悲壯一幕。而這位六十七歲高僧釋廣德（Thich Quang Duc）[4]自焚前留下遺言：「在我閉上雙眼去見佛祖之前，我懇求總統……能以一顆同情心去對待人民，並履行許下的宗教平等諾言……我已經呼籲各宗教人士及廣大佛教徒，在必要時為保護佛教而犧牲。」

　　繼釋廣德自焚之後，數月內又有六位僧尼在越南街頭相繼自焚。一位越南高僧準確地解釋並評價了殉教者的行為：「新聞界稱這是自殺，但是本質上這並不是自殺……這些僧人在自焚前留下的信件中，說明了他們的目的只是為了警醒，為了打動壓迫者的心，並喚起全世界對被迫害的越南人民的關注。自焚是為了證明他們所說的事情極其重要……透過自焚來表達意願，不能被視為破壞，相反地，它是一種建設，即為人民而受苦並身死。這並不是自我了斷。」[5]

　　在我來看，藏人的自焚當然不是自殺，而是二〇〇八

燃燒的酥油燈

這是一幅較早的作品，創作於二〇一二年一月至五月，當時我（井早智代）在印度創作些大幅作品。我從二〇一一年開始關注有關自焚的新聞，那時我還在加拿大。大約在二〇一二年一月，在菩提迦耶參加時輪法會期間，我開始創作有關自焚的作品。

年三月遍及全藏地的群體抗議的延續。如果我們回想那一年的抗議事件，如果我們翻開那一年的抗議地圖，無論是世人矚目的拉薩，還是宛若星辰散布周圍的諸多藏地，都有不計其數的男女老少走上街頭，振臂吶喊，發出要求自由和權利的聲音——這是繼一九五九年三月尊者達賴喇嘛流亡印度之後，在整個藏地爆發的規模最大、範圍最廣的群體抗議。

二〇〇八年的抗議是一個明確的表達，顯示長達半個世紀之久，中國政府仍未贏得西藏民心，藏人仍在反對中國的統治。而中國政府對這些示威的反應，照樣還是暴力鎮壓，並且開動宣傳機器，將藏人刻畫為「恐怖分子」、「分裂分子」，並把藏人的抗議歪曲為陰謀破壞北京奧運會，毀損正在崛起之中國的形象，在漢人民眾中激發起種族對立與仇恨的情緒。

4．http://en.wikipedia.org/wiki/Thich_Quang_Duc。
5．http://article.yeeyan.org/bilingual/15857。

藏人為何
抗議

　　有一種犬儒看法認為，如果沒有二○○八年的抗議，
就不會有其後的嚴酷鎮壓、空間的縮小，以及藏地變成持
槍軍警、裝甲車和監視器密布的大監獄。也許，奴隸主對
馴服的奴隸不會用鞭子，因為沒這個必要，然而奴隸仍然
是奴隸，這一點是不會改變的。壓迫從來不會因為逆來順

受就自行消失，而專制權力也從來沒有慈悲心腸。

　　這些年，藏人受到越來越深重的壓迫，表現在：

　　一是以政治暴力壓制藏傳佛教的信仰及修學。一九九五年，在十世班禪喇嘛轉世問題上，北京與達賴喇嘛決裂，繼而向拉薩的主要寺院派駐所謂「工作組」，開展「愛國主義思想教育」，要求僧人公開表態反對達賴喇嘛，否則輕者被逐、重者被捕。二○○八年驅逐在拉薩三大寺學習的所有外地僧人，是引發三月蔓延全藏地抗議的導火線之一。之後，「愛國主義思想教育」擴大到全藏每一座寺院，甚至要求在寺院佛殿乃至僧舍掛中國國旗、掛中共領導人肖像，引起僧眾強烈不滿。而對普通信眾，官方不但挨家挨戶搜查、收繳達賴喇嘛法像，甚至有信徒因為觀看達賴喇嘛講授佛法的影片而被判刑。

　　二是對西藏高原環境的破壞。中國政府把西藏高原的草原退化，歸咎於藏人牧民延續數千年的遊牧方式，強迫成千上萬的牧民離開馬背、羊群和草原，遷移到城鎮邊緣，把他們從有著自己的神山與聖水的家園連根拔出，改變他

們與各種神靈與生物相聯繫的語言、飲食、生活方式，使他們的力量、尊嚴以及記憶毫不留情地被剝奪，可想而知，這樣的「融入」對於藏人是多麼被動與痛苦。

諷刺的是，當牧民被遷移後，草原並沒有變得寧靜，反而來了一波波開著挖掘機、帶著炸藥和施工圖紙的外來者。他們在已被騰空的草原及江河上，放開手腳開礦築壩、跑馬圈水，把西藏高原破壞得瘡痍滿目，到處污染肆虐，製造出地震、滑坡、泥石流等種種可怕的災難。

三是不斷弱化藏語教育，以加快藏人被同化的進程，其目的絕不僅僅是為了文化統一這麼簡單。如青海省將「漢語為主，藏語為輔」規定為藏語教育改革的政策，被說成是關乎藏區未來的「一項重大的政治任務」，[6] 表明當局從二〇〇八年藏人抗議中得到的反思之一，是將藏語文視為一種威脅，意圖逐步斬草除根，才能實現他們期望的「維穩」。

四是加大向藏區移民的進度。以藏區需要開發和發展、引進人才和投資為名，在稅收、徵地、金融、戶籍等

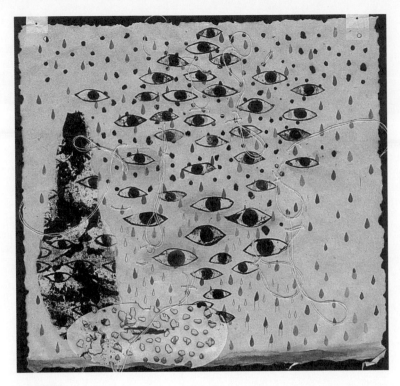

獻給頓珠

他於二〇一二年十月二十二日在圖伯特東部安多地區桑曲宗（甘南州夏河縣）自焚。第六十五位自焚者。

這不斷增加的自焚事件還要持續多久？
他們用如此極端而痛苦的行為進行非暴力抗議，
表達對和平的渴望和對壓迫的抗爭，
數百萬雙眼睛見證著人類的苦難。

各方面，給移民特殊的扶持。其中在二〇〇八年之後，從駐藏軍隊和武警中招錄警察，既是「維穩」新措施，也屬移民安置的辦法。

第五，各種監視與管控到了無孔不入的地步。當局致力於發展遍及全藏的奧威爾式監控體系——所謂的「網格化管理」系統，用當局的話來說，要「形成維護穩定的天羅地網」。二〇〇八年以前，去西藏訪問的西方記者就描寫「藏人的恐懼用手就可以感觸到」，而今天，恐懼已經彌漫在西藏的每一絲空氣之中。

另一方面，從二〇〇二年至二〇〇八年展開的中國政府與達賴喇嘛特使會談，從一開始就是中國方面為北京奧運會設計的國際公關。境內藏人那時抱持樂觀，耐心等待。但到二〇〇八年，達賴喇嘛在三月十日抗暴紀念講話中宣布：「從二〇〇二年開始，我的代表與中華人民共和國的有關官員，就特定問題先後進行了六次會談……但令人遺憾的是，在基本問題上會談，不僅沒有產生任何實質的成果，而且過去幾年對境內藏人的殘酷鎮壓更是變本加

厲了。」[7]

　　尊者的話驚醒了年復一年等待的境內藏人。這期間，十一世班禪喇嘛被囚禁，十七世噶瑪巴仁波切出走印度，藏民族奉為至高無上的達賴喇嘛日復一日遭到污蔑中傷。第一時間得知達賴喇嘛講話的拉薩色拉寺僧人，當即有人表示「我們必須起來」，隨即走上街頭打出雪山獅子旗，呼喊要求自由的口號。那是二〇〇八年波及藏地全境的抗議運動的第一聲吶喊。當天下午，哲蚌寺幾百名僧人亦下山抗議，隨後幾日，拉薩各寺都有僧尼集體請願，中國所稱的「三・一四事件」就此迅速擴展。

6・青海中長期教育改革和發展規畫綱要（2010-2020 年）（http://www.tvet.org.cn/news/res/h000/h12/attach201110161256010.pdf）。

7・達賴喇嘛在西藏「三・一〇」和平抗暴四十九周年紀念集會上的講話（http://www.dalailamaworld.com/topic.php?t=347&sid=5abf79aed54735e356f14400cfdc8b84）。

抗議為何走向
自焚

「哪裡有壓迫，哪裡就有反抗。」毛澤東的這句話被中共奉為當年奪取政權的合法性依據。在它成為統治者後，卻變本加厲地壓迫和鎮壓反抗。藏人的抗議基本是非暴力的方式，然而眾多藏人被不問青紅皂白地投入藏地大大小小的監獄，甚至被轉移到中國其他省的監獄。二〇〇

真實的夢

潔白的仙鶴，

請借我雙翅，

我會遠走高飛，

飛到理塘便回轉。

——六世達賴喇嘛倉央嘉措，二〇一二年八月二十七日

註：此畫乃是想像圖伯特獲得自由的時候，所有被囚禁的人都得以走
　　出牢籠。雖然不是直接關於自焚，但卻是所有自焚犧牲者的心願。

八年湧現的群體抗議，很快被全副武裝的軍警殘酷鎮壓，藏地如被占領的戰場，關卡重重，工事林立。之後的抗議再也無法形成群體規模。

請注意這一點：我相信，只要藏人還有進行群體抗議的可能性，哪怕是面對鎮壓，他們不會、也不需要採取自焚的抗議方式。

一旦不能群體抗議，而個體的抗議者僅僅喊聲「讓尊者達賴喇嘛回到西藏」，或把寫有簡單訴求的傳單拋撒街頭，都會遭到滿街殺氣騰騰的軍警毒打、抓捕，繼而是國家司法的刑求。比如二〇〇九年一至三月間，在康區甘孜（四川省甘孜藏族自治州甘孜縣），因上街喊口號、撒傳單而被捕的藏人超過六十人，幾乎每隔兩天就有一次；二〇一一年六至七月間，還是在康區甘孜，因如此抗議被捕的藏人多達八十七人，平均每天二至三人。抗議者自身不怕挨打入獄，問題是這種個體的抗議無人知曉，有誰關注？這種犧牲換來的只是毫無聲息的人間蒸發。

分散的個體抗議如何從令人絕望的淹沒中迸發出力

量？結論是只有採取更加激烈的方式，如自焚者之一的網路作家古珠所說：「要把和平鬥爭更加激烈化。」而自焚，就是秉持非暴力原則的個體抗議者所能做的最激烈方式——點燃自己但不攻擊他人，自己慘死卻不與凶手同歸於盡。

從效果上，比起其他方式的個體抗議，自焚的確受到了更廣泛的矚目，給世人留下深刻印象。既然沒有別的方式讓藏人表達抗議，既然只有怵目驚心的自焚能夠為世人矚目，自焚便成為最勇敢的抗議者的選擇，繼而擴大為一種廣泛的抗議運動，持續至今。

從兩個高峰看
自焚訴求

　　縱觀這六年，尤以二〇一二年的十一月自焚人數最多——共有二十八位男女老少，其中有僧尼，多數為牧民；其次是二〇一二年的三月——共有十一位自焚者，其中六人是僧人，另有中學生，還有孩子的父母。

　　為何自焚會在這兩個月達到高峰？

西藏火鳳凰

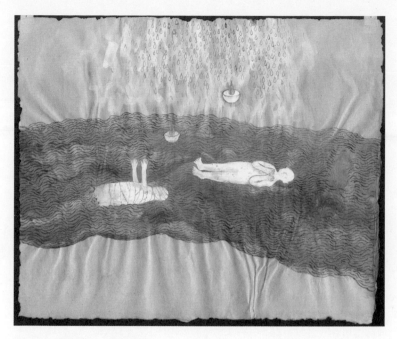

獻給阿旺諾培和洛桑洛增

二〇一二年七月三十日，阿旺諾培在忍受了一個多月的痛苦折磨之後，在圖伯特東部青海不治身亡。洛桑洛增在自焚抗議之後，遺體由寺院施以水葬。

三月是多年以來西藏每年的「敏感月」，布滿多個「敏感」的日子——三月五日是一九八九年拉薩抗議被鎮壓紀念日，三月十日是一九五九年「西藏起義紀念日」，三月十四日是二〇〇八年西藏抗議周年日，三月十六日是二〇〇八年阿壩縣抗議民眾被槍殺紀念日，三月二十八日是二〇〇九年中國政府所定的「農奴解放紀念日」。每年一到三月當局便如臨大敵，而眾多的抗議也選擇在這個月內舉事。二〇一二年三月的自焚高峰，正是十一位藏人在這「敏感」的日子以自焚來表達對壓迫者的強烈抗議。

　　而二〇一二年十一月正值中共十八大召開，將產生中國的新一代領導人。二十八人的自焚最高峰，尤其是在十八大的八天會期中九人自焚，平均每天都有，充分說明藏人自焚是期望促使中國新一代領導人改變西藏政策，是將自焚作為一種促成變化的行動——這應該是理解自焚的重要入口。

　　藏人的自焚形成運動，被認為「是近代史上最強大的政治性的自焚抗議浪潮」，雖然西藏歷史上從無將自焚

作為政治抗議手段的傳統。正如二〇〇八年的抗爭始自僧人，自焚運動也是僧人領頭。自格爾登寺僧人扎白於二〇〇九年二月成為境內自焚第一人，之後十二位自焚者都是僧人或被當局逐出寺院的僧人。直到二〇一一年十二月，才出現第一位世俗人自焚。二〇一二年一季度的二十位自焚者中還有十五位僧人；到二、三兩季度已是世俗人為主；第四季度的前七十天，五十位自焚者中則有四十三位世俗人。二〇一三年，二十八位自焚者中有十六位世俗人。進入二〇一四年，十一位自焚者中有七位世俗人。迄今一百四十位自焚者中有四十八位僧尼，其餘都是世俗人，涉及藏人社會的多個階層，而農、牧民多達七十人。顯然，隨著時間的推移，更多的普通百姓投身於自焚運動。

作為自焚事件的記錄者，我在接受諸多外媒採訪時，多次強調：藏人的自焚絕不是自殺，而是犧牲！這種自焚不能用佛教戒律衡量，而是現世政治的結果。那一次次騰空而起的火焰，是被民族壓迫所點燃，是照亮黑暗西藏的火炬，是二〇〇八年抗議的延續，也即是最先挺身而出的

色拉寺僧人所說——「我們必須起來」的繼續！

　　以佛教戒律將藏人的自焚貶為自殺、甚至「殺生」，要麼是一葉障目，要麼就是中國政府的幫凶。一位具有大成就的高僧對此明確宣示：「西藏僧俗自焚，完全沒有違反佛教殺生的教義，也沒有與佛法見解相違，更沒有犯戒。因為西藏僧俗自焚的動機與目的，毫無沾染一點個人私利的味道……是為了護持佛法，為了爭取西藏民族的民主自由的權益」，根本上是「為利他捨自身之菩薩行」，是涅槃的鳳凰浴火重生。

自焚者的
遺言

　　但人們似乎並不理解，一直在問：藏人為什麼要自焚？這種廣泛而持續的自焚，是在表達什麼意願，追求何種目標？

　　研究西藏問題的中國作家王力雄，在二〇一二年底曾對當時發現的二十六位自焚者遺言進行分析。他認為，遺

言是理解藏人因何自焚的重要依據，雖然有些遺言是隻言片語，但是用統計方法將遺言歸類，可以得到比較接近全貌的結論。

迄今為止所發現、留下遺言的自焚者已增加到五十二人[8]（有手寫，有錄音，也有對親友所說。其中四十六人身亡，四人生死不明，兩位流亡藏人已癒），因此更具有統計性。另外，還有多達五、六十人被記錄下自焚時喊了口號。內容比較一致，包括「讓尊者達賴喇嘛回到西藏」、「祈願尊者達賴喇嘛永久住世」、「西藏需要自由」、「西藏獨立」等等。儘管自焚之時發出的心聲是最響亮的遺言，但相比之下，事先留下的遺言比在自焚一刻喊的口號具有更多層面。我在這一節借鑑王力雄的方法，包括他的部分分析結果。如下：

依據內容，將遺言分為九類。[9]首先對遺言歸類如下表：

	遺言分類	所涉遺言數	所涉人數	所涉人數占留遺言總人數百分比
1	當作一種行動	15	17	37.0
2	祈願達賴喇嘛	13	14	30.4
3	表達勇氣和承擔	12	13	28.3
4	民族認同與團結	11	11	23.9
5	提出西藏獨立	10	10	21.7
6	對當局的抗議和要求	9	9	19.6
7	活著無法忍受	8	8	17.4
8	保護民族語言	6	6	13.0
9	促使國際關注西藏	3	3	6.5

註：一、同一遺言中可有符合數個分類的內容；
　　二、有的遺言是兩人一起所留，因此「所涉人數」和「所涉遺言數」不一致。

　　按遺言的每一類所占比重，由低到高，可以得到這樣的看法：

一、境內藏人並非以自焚執求國際社會幫助

　　一個流行看法認為藏人自焚是為了促使國際社會關注

西藏。但是通過對遺言的分類，只有三位自焚者提到這一點，在遺言中占的比重最低（六‧五％）。其中兩位是在境外自焚的藏人。尋求世界支持，呼籲國際社會關注西藏問題，一直是境外藏人的主要目標，也是迄今流亡西藏領導機構的工作重心所在。而西藏境內只有網路作家古珠一人提到，其他自焚者的遺言都未涉及。從這一點可以看出境內、外藏人的不同。

二、藏語言文字在藏人心中的分量

共有六位自焚者的遺言涉及「保護民族語言」，就單項內容而言可謂相當突出，足以反映藏人對民族語言文字狀況的不滿與焦慮。

另有一位女中學生才讓吉，雖然未在遺言中提到藏語言問題，但她是為了抗議「漢語為主、藏語為輔」這一教育政策而自焚。在她自焚幾天之後，藏地數千名中學生及師範學校學生走上街頭，發出「民族平等」、「語言平等」、「本土自主」的呼聲。八個月後，留下「發揚西藏語言文

獻給多吉楞珠

獻給二十五歲的多吉楞珠，二〇一二年十一月四日，他在安多熱貢（青海同仁縣）自焚。

字」遺言的格桑金巴自焚的第二天，又有數千名藏人學生（包括小學生）遊行、集會，要求「民族平等」、「語言自由」。

三、自焚並非主要是出於絕望

另外一種相當流行的看法（包括流亡西藏的政治領導人也曾如此宣稱）——自焚是出自藏人無法忍受目前處境的絕望選擇。這個因素的確存在，但是明確表達這一點的自焚者只有八位，占留遺言人數比重的一七·四％，因此不應該作為解釋自焚行為的主要原因。

四、自焚是一種抗議

有九位自焚者在遺言中明確提出了對當局的抗議和要求，除此，還有多人在自焚時呼喊「讓尊者達賴喇嘛返回西藏」、「西藏要自由」、「釋放十一世班禪喇嘛」等口號，都是在表達抗議和要求。同時，即使沒有留下遺言或口號，自焚行動本身所含的抗議和要求也已不言而喻。

五、關於西藏獨立

在遺言中明確要求西藏獨立，或者間接認定西藏是獨立國家的自焚者有十位，占留遺言人數的二一·七％。雖然在九項分類中只位列中間，但比一般估計的高出很多（如尊者達賴喇嘛認為藏人百分之九十以上不贊成獨立）。如果再加上八位雖未留下遺言、但在自焚時呼喊西藏獨立的口號，另有四人自焚時手持西藏國旗，關於西藏獨立訴求所占的比例則會增加，反映出自二〇〇八年以來，西藏獨立的意識在境內藏人中增長擴散的態勢。

六、強調民族認同，呼籲內部團結

表達這個願望的遺言多達十一人，占二三·九％。這與二〇〇八年後在境內藏地興起的「拉嘎」（Lhakar）運動有關。「拉嘎」本意為神聖的、潔白的，是對尊者達賴喇嘛誕生之日（星期三，Sa Lhakpa）的讚美，但已被認為是意義深遠的「西藏日」，以「講純正藏語、穿傳統藏裝、吃傳統藏食」為形式，實質上是一種產生於本土的非暴力

不合作方式，以此強化藏人的身分認同與民族精神。

　　遺言中呼籲的團結一致，主要是針對境內藏地存在的地區分別、教派爭執、部族糾葛、草場糾紛等現象，希望藏人之間突破教派、地域、部族的侷限，尤其勿要執著於草場糾紛的自相殘殺。

七、最能體現藏民族精神力量的成分

　　以自焚表達勇氣和承擔的有十三人，占留遺言者總數的二八·三％。這是一種體現人格力量的英雄主義，是一種透過捍衛尊嚴、分擔痛苦、鼓舞勇氣、表達聲援、類似涅槃的自我昇華。典型的遺言有「他們認為我們害怕武力鎮壓，他們想錯了」（彭措）、「昂起你堅強的頭，為朗卓之尊嚴……為恩惠無量的藏人，我將點燃軀體」（朗卓）、「要為西藏民族的尊嚴而自焚」（班欽吉）、「願為一切苦難的有情眾生承擔痛苦」（日玖）、「願貢獻自己的血肉來表示支援和敬意」（索巴仁波切）等，自焚遺言的這一方面，體現出藏民族最為可貴的精神力量。

八、具有宗教性質的供奉及對中共的抵制

以自焚作為對達賴喇嘛的祈願，占三〇·四％，居第二位，具有宗教奉獻的性質，凝聚了佛教徒捨身求善的信念特徵。如索巴仁波切在遺言中，表達以壽命和身體供養達賴喇嘛並超度眾生。這種宗教精神為多數藏人所具有，也會成為自焚的一種動力。

這同時也是對中國政府不斷升級攻擊達賴喇嘛，所表達的堅決抗議和抵制。

九、主要是當作一種行動

共有十七位自焚者在十五份遺言中表達是把自焚當作一種行動。這是所有分類中比重最高的（三七·〇％），與中共十八大期間出現的自焚高峰一樣，都在體現自焚者期望通過他們的犧牲，有助於實現解決西藏問題的目標，而非單純地表達抗議或僅僅是出於絕望。從原本被動等待流亡西藏或國際社會解決西藏問題，到終於覺醒必須靠自己、也只有靠自己。至於自焚的行動是否真能有助於解決

西藏問題的目標，他們並不清楚，但是如丁增朋措遺言所寫的——「無法繼續活下去空等」，這句令人心碎的話應該是理解自焚的一把鑰匙，值得深思。

　　需要強調的是，從自焚者遺言中，可以看到藏人要付諸行動的意願裡，沒有一絲暴力的痕跡。藏人的佛教信仰，以及尊者達賴喇嘛一直以來關於非暴力的開示，對整個民族形成強大的約束力，在自焚行動中的體現即是：寧可自毀，也不傷及他人。相約同時自焚的曲帕嘉和索南用手機錄下他們的遺囑，其中就說：「我倆不願任何人為此而受到傷害……」而這些寧可燒死自己也不傷害對手的藏人，卻被中國政府定為必須嚴厲打擊的「恐怖分子」。

8・二〇一三年九月二十八日自焚犧牲的阿壩牧民西瓊留下遺言：「這些漢人不會讓我們安心，我真的需要在他們面前實施自焚。」二〇一三年十一月十一日自焚犧牲的果洛僧人才讓傑留下遺言：「我今天是為了境內、外藏人團聚而自焚，一定要搞好藏人內部的團結，保護好西藏的語言、文字和傳統習俗，這是我唯一的願望。若能這樣，境內、外藏人定能團聚。」二〇一三年十二月十九日自焚犧牲的拉卜讓僧人次成嘉措寫下遺書：

「雪域鬥士次成嘉措為了藏人的團結與福祉而自焚——金子般的眼淚：唉！眼淚，心口疼痛。親愛的兄弟，你聽到了嗎？你看見了嗎？六百萬藏人的苦難向誰訴說？黑漢人暴虐的監獄，奪走了我們黃金白銀般的寶庫，使百姓們處於苦難中，想起這，不禁流淚不止。將我寶貴的身體燃燒，為了尊者達賴喇嘛返回故土，為了班禪喇嘛獲得釋放，為了六百萬藏人的福祉，我將身體獻供於烈火。以此祈願消除三界眾生的苦難，走上菩提之路。佛、法、僧三寶啊，請護佑無助的人們，雪域同胞們，要團結XXXXX（此處字跡不清）……——雪域鬥士次成嘉措。」二〇一四年三月十六日自焚犧牲的阿壩格爾登寺僧人洛桑華旦留下遺書：「想要對父母、兄弟姐妹們說的是：民族間相互團結，誠心相待是正確的。心懷妒恨招致失敗，誠心相待會成功是毋庸置疑的。同樣無論做任何事情，都要三思而行，不要愚昧行事是極為重要的。如果是學生，要做到學業有成；如果是父母，要教育好自己的孩子；如果是商人，要做到雙方有利。不論是農民還是牧民，要孝敬父母。對全世界，特別是對漢人鄰居要團結，只有相互團結有愛心，才可以將我們的想法向對方說明，也可以有所作為，不是嗎？哦！我要向你們說的是，要時常把有利他人和有利自己區分開來，要常求有利別人，不求有利自己，因為幸福的根源是有利他人及團結一致。願阿媽、祖母、姨姨、舅舅、姐夫以及我的哥哥、弟弟、姐姐、妹妹及所有與我有關的親人，以及，付出心血教育我的老師，我的同學們事事順利、心想事成，所做的一切都是為了利他。我的阿媽啦！您用慈愛養育了我們，我們是在您的血汗中逐漸成長，我們在您的懷抱裡得到無盡的快樂，您給予我們太多太多，讓我們順順利利，沒有任何困難，一切只因您的慈悲。感恩我的母親！一切是您給的，如果要一一詳述，永遠也沒法說完，所以就說這麼多吧！以上一定有很多錯別字，我向你們表示抱歉。（華旦，或雄鷹智華，或素食者，或哈哈哈短腿敬上）」二〇一四年四月十五日自焚犧牲的道孚縣農民赤勒朗加給友人和家人留下遺言：「我們現在的處境很困難，根本沒有自由。」「藏人沒有自由可言，連騎摩托車到縣城購物都受到阻攔。」「如果自焚的話，對西藏整體利益有多大作用？對獲得自由有多大幫助？」二〇一四年九月十六日自焚受傷的甘德縣牧民貢覺被送往醫院救治，他醒來後流淚說：「我沒有完成我的心願。」

9 · 對自焚藏人的遺言做歸類分析時，尚未發生之後留下遺言的六位藏人的自焚（他們是二〇一三年九月二十八日自焚犧牲的阿壩牧民西瓊、二〇一三年十一月十一日自焚犧牲的果洛僧人才讓傑、二〇一三年十二月十九日自焚犧牲的拉卜讓僧人次成嘉措、二〇一四年三月十六日自焚犧牲的阿壩格爾登寺僧人洛桑華旦、二〇一四年四月十五日自焚犧牲的道孚縣農民赤勒朗加、二〇一四年九月十六日自焚受傷的甘德縣牧民貢覺），故未能將他們的遺言做歸類分析。依其遺言內容分析，可歸為：對當局的抗議和要求、民族認同與團結、祈願達賴喇嘛、表達勇氣和承擔等等。

自焚如何
被記錄

　　有人問，在中國當局強力封鎖下，境內藏人留下的遺言如何得以保存並外傳？實際上，目前已有自焚者親友因對外傳出自焚者遺言而被抓判刑，也有自焚者寫下的遺書被當局沒收、銷毀。但是，既然有這麼多的藏人前仆後繼地以身浴火，就會有許多藏人冒死送出自焚者以燃燒生命

獻給桑傑卓瑪

年僅十七歲的尼師，圖伯特東部黃南州澤庫縣多禾茂鄉人，在當地中國政府門前自焚抗議身亡。

藏人們請抬頭，
看蔚藍色的高空，
懸崖峭壁的殿堂裡，
我的上師回來了。

——摘自桑傑卓瑪遺詩第一段

發出的心聲。也因此，迄今一百四十位自焚者中，有一百二十二位的個人照片得以披露於世。而且，除了五十二位藏人的遺言為世人所知，還有一些自焚現場的圖片與影片現世。這在除了中國官媒之外，所有媒體及國際組織不能進入藏地的情勢下，成為寶貴的證據和值得永存的紀念，即使影像品質較差，同樣震撼人心。

其中一個影片記錄的是尼師班丹曲措於二〇一一年十一月三日自焚犧牲的場景：[10] 她全身裹著沖天的火焰，歸然不動地站立街邊，就像燃燒的火炬。在人們的尖叫聲中，一位穿藏裝的女子上前，展開一條潔白得像絲巾一樣的哈達，抬臂將哈達擲向烈焰時，班丹曲措倒下，卻雙手合十……獻哈達是西藏文化與習俗中的禮節。對於藏人來說，獻上潔白的哈達，是致以由衷的敬意。

還有一個很短的影片，記錄的是牧民才讓扎西於二〇一三年一月在鄉鎮黃土路上自焚犧牲的場景：[11] 仰倒在火焰中的他雙手合十，低聲呼喊：「嘉瓦丹增嘉措，嘉瓦丹增嘉措欽……」藏語的意思是，法王達賴喇嘛，祈請您的

護佑。不只一人在自焚時雙手合十，這是佛教徒表示祈禱的手勢，勇於自焚的藏人們並沒有被火焰奪去信仰，反而在燃燒肉體的巨大痛苦中，以驚人的力量宣示他們的信仰至深至誠。

在自焚者生前的照片上，許多人面帶美好的微笑，有的人騎著馬或牽著犛牛，僧尼們則穿著象徵戒律的絳紅袈裟，或捧著經卷或展示日常生活的片刻。二十五歲的農民旺青諾布在決意自焚前，專門去縣照相館的布達拉宮布景前（他可能從未能去過拉薩）拍攝了最後的全身照片，看上去，穿著藏裝的他帥氣而平靜。

另一些影片和圖片則顯示了自焚在當地藏人中激起的強烈反應：寺院裡，成千上萬的民眾舉著蠟燭、排著長隊，向自焚犧牲者敬獻哈達；或將尊者達賴喇嘛的照片放在自焚犧牲者的頭頂；而寺院僧眾為自焚者舉行隆重的超度、祈福法會和火葬葬禮；鄉親們絡繹不絕地從各地到自焚者家裡悼念、捐款。藏人們不畏武裝軍警和眾多軍車、警車，甚至在自焚現場與搶奪自焚者遺體的軍警對抗……

一些外媒記者竭盡全力,祕密深入鐵幕覆蓋下的藏地。如法國《世界報》(*Le Monde*)[12] 記者曾在布滿警車和幹部的偏僻鄉村晝伏夜行,得到一個個普通人的冒險相助,被悄悄帶到二〇一二年十一月二十六日自焚犧牲的牧民貢保才讓的家裡,瞭解到他的祖父和父親在他自焚十日後被抓走。還有另一位遺下兩個幼子的自焚者,家境非常貧窮,鄉親們給他家捐款十幾萬元,他的母親卻將捐款贈給了寺院和學校的窮孩子……

　　藏人之所以不惜犧牲向外界送出自焚者的資訊,是因為他們知道,越多的世人瞭解真相並為此發聲,那種肆無忌憚的壓迫就會收斂。但由於中國政府對藏地的嚴密管控、封鎖資訊,外界能夠得到的資訊非常有限。而那少而又少的資訊好不容易被冒著風險傳遞出來,外媒往往又會以資料來源不明、缺乏旁證等理由拒絕採納。雖然這是保證媒體權威性的必要程序,但在客觀上,也使得世人更難知道真相。

10 · Rare Footage of Tibetan Nun's Self-Immolation Smuggled out of Tibet：http://www.youtube.com/watch?feature=player_embedded&v=heRelfk_QW4。

11 · https://www.facebook.com/photo.php?v=400041380082900&set=vb.100002311230160&type=3&theater。

12 · http://www.lemonde.fr/asie-pacifique/portfolio/2012/12/25/voyage-au-c-ur-de-la-region-tibetaine-des-immolations_1809649_3216.html?xtmc=tibetains&xtcr=1。

抗議需要得到
支援

　　二〇〇八年的藏人抗議運動，得到了西方社會和民主國家的廣泛支持，藏人對此銘記在心，感恩戴德。而二〇〇九年以來的藏人自焚運動是二〇〇八年抗議運動的延續，只是更為慘烈，卻如空谷足音，很少得到回應。

　　西方社會陷入的經濟危機可能是重要原因，這可以理

解，人們畢竟首先管的是自己的事情。而另一個原因，可能是對自焚作為一種抗議方式的不理解，甚至因為其過於慘烈而迴避不看。

記得是在第十二位藏人自焚之後，一位法國記者冷靜地問我：「藏人自焚是沒有用的，妳怎麼看？」我頓覺錐心的痛，勉強忍住淚水說：「可能沒有用，但是人有尊嚴，自焚的藏人要的是一個民族的尊嚴……」

可是，如果連記者都不知道在一九六三年的南越西貢，發生過佛教高僧「為護衛佛教與人民權利」而自焚及隨後多位僧尼的自焚，如果連中國人都不知道在文革初期，曾有西安法門寺的僧人為阻止紅衛兵砸寺而自焚護塔，我們又怎能希望整個國際社會或者民眾，會理解在二十一世紀今天的西藏，多達一百四十位藏人自焚，不但是為了捍衛信仰，更是為了爭取自由？而一種普遍的不理解，真的令人不安。

不只一位記者問過這個問題：「為什麼達賴喇嘛不呼籲藏人停止自焚？」

其實這個問題本身就是有問題的。首先，達賴喇嘛一直呼籲：「中國政府和地方政府應嚴肅面對、應認真調查藏人自焚的真正原因，為何這些年輕的藏人要自焚？」藏人自焚是有原因的，不追究原因就要求結果，顯然捨本逐末。我不知道這個世界究竟需要達賴喇嘛做出怎樣的呼籲。難道是要尊者嚴厲地譴責自焚藏人？難道不懂尊者所言「身為藏人內心深感悲傷」這句話痛到極點的意思？二〇一二年一月四日，達賴喇嘛在印度菩提迦耶主持時輪金剛灌頂法會，流亡西藏領導人在法會上念誦了境內自焚藏人的名單，當其時，端坐在法座上的尊者神情陡變，悲痛難忍得緊閉雙目，待睜眼時已是淚光盈盈……在場的日本網友記錄了這一令人動容的場景，並寫道：「自己在達蘭薩拉二十五年，多次見過尊者，卻從來沒見過尊者這樣悲傷、沉痛……」

有人以西藏同情者的口吻說，[13] 藏人「如想以自焚來威懾中共——那是徒勞……如想以自焚引起國際社會的重視——沒有必要……相反，自焚行為會使得國際社會的組

織和個人陷入兩難境地，會對西藏問題望而卻步」，「在世界進入二十一世紀的今天，沒有誰會贊同自焚這種極端的作法……沒有誰會因為自己的人道關懷而成為鼓勵自焚的誘因」，還說「你們要珍愛生命」、「你們要安心」云云。沒有比這些話更偽善的了！

難道藏人太愚蠢、太衝動，漠視生命，或者視自焚為要脅的遊戲？難道藏人的任何抗議，都要看「友人」的臉色，擔心他們會因不喜歡、拂袖而去？要知道，既然自焚是一種抗議，抗議的原因不消除，抗議就不會停止。能夠讓藏人停止這種抗議的，不是藏人自己，也不是已經多次勸藏人不要自焚的尊者達賴喇嘛，而是以專制暴政和民族壓迫引起了被壓迫民族抗議的中共政權！

今日沉默，就依然會沉默。今日閉眼不看、掩耳不聽、緘口不語，以後依然會閉眼不看、掩耳不聽、緘口不語。埃利·維塞爾（Elie Wiesel），這位奧斯維辛集中營的倖存者，用文字為災難做出有力見證。他在獲得諾貝爾和平獎的致辭中質問世界：「這是真的嗎？現在是二十世紀，

不是中世紀。誰能容忍這種暴行？世界怎能一聲不吭？」

當唯有國際社會給予壓力才能制約中共對藏人的壓迫時，這壓力絕不只是口頭說說而已。當然，每個國家和政府都有自己的利益當頭，但「在世界進入二十一世紀的今天」，面對西藏發生如此殘酷的人間悲劇，可不可以有些切切實實的行動呢？畢竟在這個世界上，萬事萬物以及所有生命，彼此都是有關係的。受壓迫的藏人被迫自焚，這不應該只是藏人自己的事情，也與地球上的其他生命息息相關。

藝術家艾未未在 Twitter 上就藏人的自焚發言：「西藏是拷問中國、國際社會人權和公正標準的最嚴厲問卷，沒有人可以迴避，可以繞過去。目前為止，沒有人不受辱蒙羞。」

13．http://www.chinainperspective.com/ArtShow.aspx?AID=12860。

中國當局對自焚者的污名化

　　中國當局總是說它「解放」了西藏，給六百萬西藏人民帶來了「幸福」，那麼，何以在「解放」半個多世紀之後，「農奴」要起來反抗「解放」他們的人？何以在西藏遼闊的大地上，無數走上街頭、縱馬草原的抗議者，幾乎都是在「解放」以後出生的藏人？這麼多藏人連續自焚，

從十六歲到六十四歲，有男僧，有女尼，也有仁波切（活佛），有農民，有牧人，還有中學生，難道不都是被偉大的中國共產黨「解放」了的「翻身農奴」的後代嗎？怎麼會甘願放棄黨賜予的「幸福」，蹈火而亡？

當然，中國當局一如既往地，把這一切解釋為「達賴集團有組織、有預謀、精心策畫的」，中國媒體也一如既往地，合謀將這個謊言變成堂而皇之的國家輿論。然而這麼多的火焰，燒穿了戴著盛世面具的北京向世界不停宣說的謊言。這是多麼地讓它尷尬！在這個世界上，有這樣一個暴政，只相信槍，只相信錢，卻不相信信仰，更不相信這世上會有人為了信仰燃燒自己。有這樣一個暴政，以為誰都會服從他們，有槍有錢就可以擺平一切。為了洗白染上鮮血的手，他們也在編故事——這被他們描述為「爭奪話語權」——結果被壓迫者窒息的聲音沒有人聽得見，世人聽見的都是高音喇叭傳出的被竄改的故事。

為了抹殺藏人的自焚是對殖民暴政的反抗，為了掩蓋境內藏地遭到空前高壓的事實，中國政府及其喉舌新華

獻給貢確佩傑，二十四歲，他是來自安多左格宗達倉拉姆格德寺的僧人。
獻給白瑪多傑，二十三歲，他是來自安多祿曲宗西倉寺的僧人。
他們兩人都在二〇一二年十二月八日自焚。

社、新華網、CCTV採取污名化手段，對自焚藏人進行道德上的毀損。比如，指他們或患有「癲癇病」、「精神方面有問題」，或曾「偷盜、搶劫」，「沾染酗酒、打架、賭博的惡習」，或「嫖妓」，「患有性病」，或「有不正當的男女關係」，或「夫妻不和」，「情感生活遭遇挫折」，或「學習成績下降」等等。甚至連身體「殘疾」、「性格內向」，也被說成是厭世自焚的理由。除此，還稱有些藏人自焚是為了「賭口氣」、「爭面子」，「頭腦簡單，輕信別人」，以至於受到「達賴集團策畫、煽動、支持」，甚至很惡毒地誹謗藏人自焚是「達賴集團給錢買屍」，陰險地指控藏人自焚是「殺生」、「犯戒」的「恐怖分子」行為，暗示藏傳佛教是「邪教」。而這種種構陷，種種污名化，全都是這個國家的宣傳機器和出賣良心的御用者幹的齷齪事。

為了自圓其說地解釋藏人為何自焚，CCTV煞費苦心製作的官方宣傳片至少有五部之多，在其國際頻道播出，總計兩個多小時。

就第一位境內自焚藏人扎白，CCTV 的說法是，因為扎白沒有參加二〇〇八年三月十六日的抗議，被其他僧人取笑，為了爭口氣，就自焚了。但《紐約時報》（The New York Times）二〇一二年六月二日的報導否認了這一點，並引述同寺僧人的回憶說，扎白在自焚前兩天，「走在街上，用腳去踢解放軍的軍車，他是想故意挑釁那些士兵……在他的眼睛裡，我可以看到他對軍隊有多仇恨。」

在 CCTV 製作的宣傳片中，對自焚者的構陷及污名化，淋漓盡致地表現在對達尼和次真為何自焚的解釋上。十八歲的達尼和二十二歲的次真本是阿壩格爾登寺的僧人，遭當局的駐寺工作組驅逐出寺，於二〇一二年一月六日下午一同自焚，達尼當場身亡，燃燒著的次真跑到街上，被軍警滅火後強行帶走，一天後身亡。CCTV 展示了一份據說是警方對次真所做的「訊問筆錄」，還提供了據說是次真的畫外音，聽上去聲音清楚、回答清晰。

作為被嚴重燒傷的人，從燒傷到去世只剩下一天多，顯然是在死亡線上掙扎。一位在中國的燒燙傷醫院工作的

漢人醫生在 Twitter 上告訴我：「受傷後短期內可以說話，但堅持不了多久。會昏迷，窒息等等。緊接著，會發生全身性的人體內環境紊亂、休克、缺氧等等。如果沒有得到非常專業的救治，很快就會出現全身多器官功能的衰竭。」

當我追問：「這樣的重傷者，能夠神智清醒、有條有理地回答一堆問題嗎？那份訊問筆錄至少兩、三頁，大段、大段地交代了偷盜、搶劫、嫖妓的經歷，像不像是偽造的？」

這位醫生含蓄地答道：「這些，妳懂的。」

而在那份「訊問筆錄」中，兩位出生於當地牧人家庭的青年被展示的形象，不但是小偷、搶劫親戚錢款的強盜，還居然在自焚前成了「嫖客」。為此，CCTV 讓一個說四川話的婦女現身講了幾句，而這個被註明是「賣淫女」的婦女，面部被技術處理，完全模糊不清。

更令人髮指的說法是，新華網稱二〇一三年三月十三日自焚犧牲的藏人婦女貢確旺姆，因為與丈夫在「戒酒戒賭、夫妻感情等問題發生激烈爭吵」，被丈夫掐死後焚屍。

可事實的真相是貢確旺姆自焚後，遺體被警察搶走並焚燒，她的丈夫則在當局要求他宣稱妻子是因家庭矛盾而自焚被拒絕後，遭到拘捕，數月後竟被判處死刑。

中國官媒還煞有介事地聲稱自焚藏人已「被治安民警及時施救」、「被救生還」、「傷勢穩定」、「已無大礙」，但一百三十五位境內自焚者中，三十一人被軍警強行帶走後身亡，十五人被軍警強行帶走後，除兩人返回家中療傷，其他人都不知下落。CCTV 的宣傳片一共展示了七位自焚者在醫院治療的鏡頭，均被 CCTV 記者逼問以後還會不會自焚。一位外媒記者對此深感憤怒，認為很殘酷、不人道。而外媒記者有所不知的是，這些被逼問的自焚藏人，有人甚至四肢被截肢。更有所不知的是，這些所謂「被救生還」的自焚藏人，並沒有返回家鄉與寺院，而他們今在何處，誰都不知道。

中國當局甚至採取抵賴的方式，矢口否認藏人的自焚。二〇一三年三月，北京召開全國人大會議和政協會議時，西藏自治區官員對媒體公開撒謊說：「西藏局勢穩定、

社會和諧、發展很好。到目前為止，西藏本地群眾和僧尼沒有發生過一起自焚事件。」[14] 二〇一四年三月北京「兩會」時，西藏自治區官員繼續對媒體公開撒謊，說：「西藏的一千七百多座寺廟、四萬六千多名僧人，沒有一個自焚的，西藏群眾也沒有一個自焚的。」[15] 可事實呢？籍貫屬於西藏自治區、在西藏自治區內自焚的有六人，其中五人犧牲，一人被軍警帶走後生死不明；籍貫屬於西藏自治區的、但不在西藏自治區內自焚的，有三人，皆犧牲。另外還有兩位籍貫不屬於西藏自治區、但在拉薩自焚的藏人，西藏自治區的官員對此辯解：「西藏發生過的一起自焚是典型的輸入型，有計畫、有組織、有境外支援的……」[16] 他無非是想說自焚藏人的籍貫不屬於西藏自治區，責任不在於他們，這種理由多麼荒唐。

正如人類學家凱大熊（Kevin Carrico）指出：「中國官方媒體對當前西藏形勢的回應，其徹底扭曲之處就在於：人們可以在官方網站上找到希望達賴喇嘛自焚的公開言論，卻需要翻越堅固的防火牆，才能獲得近期西藏事件中

哪怕最基本的資訊，而公開討論要麼已被屏蔽，要麼已被隨意刪除。」[17] 但對於藏人而言，中共對自焚者不遺餘力的污名化完全無效。

在全藏地的許多城市、村莊和寺院，都把自焚者視為民族的英雄兒女，頌讚他們是「保沃」（英雄），為他們祈禱。許多佛殿與僧舍，許多藏人家裡，都供奉著自焚者的一張張照片。民間的歌手或普通人，還傳唱著一首首催人淚下的懷念之歌。我在博客上貼出他們的照片，寫下他們的生平和故事，一位年輕藏人留言：「我把每一位自焚同胞的名字、背景和事蹟都記在我的日記本裡，也深深地刻在我的腦海裡，我要銘記我們民族的英雄兒女，要為他們供燈、念經，表達由衷的敬仰和尊崇。」

14 · http://www.bbc.co.uk/zhongwen/simp/china/2013/03/130303_china_tibet_self_immolation. shtml。

15 · http://lianghui.huanqiu.com/2014/news/2014-03/4890610.html。

16 · http://www.takungpao.com/news/content/2012-11/10/content_1369363.htm。

17 · http://woeser.middle-way.net/2012/05/kevin-carrico.html。原文是：" This is the fundamental perversion of the Chinese state response to the current situation in Tibet: one can find open wishes to set the Dalai Lama on fire on a state-run website, yet one must scale an unrelenting firewall in order to obtain even the most basic information about recent events in Tibet, and open discussion is either blocked or casually erased."

「逆向種族隔離」的拉薩

二〇一二年五月二十七日，兩位打工的外地藏人，在西藏自治區首府拉薩，在拉薩的首要地標，也是軍警、遊客及信眾最為密集的大昭寺旁自焚，使得藏人自焚之火從藏地邊緣燒到了腹心。

西藏自治區則以外地藏人到拉薩自焚為由，立即向所

有沒有拉薩戶口的——也就是絕大多數藏人，關閉了拉薩的大門。同時蠻橫地驅逐拉薩的外地藏人。

　　傳統上，非拉薩本地的藏人在文化、經濟、宗教等方面都是拉薩社會相當重要的組成部分。安多、康區、羌塘、前藏、後藏的商人在拉薩經營，僧侶們也來拉薩朝聖，並依照傳統在三大寺學習。傳統上，拉薩從來都被各地藏人視為中心，是所有藏人心嚮往之的聖地，卻在今天變成了「排藏」之地，這是西藏歷史上從未有過的悲劇。

　　實際上，當局早就在進行類似作法，包括驅逐在拉薩三大寺學經的安多與康區的僧人。之後，安多與康區的藏人，無論是去拉薩朝聖，還是去拉薩辦事，都遭遇重重困難。而大昭寺前發生外地藏人的自焚後，當局便把拉薩變成了針對全體藏人的禁區，同時從空港、從鐵路、從公路層層設防，僅一條青藏公路，就有十七個檢查站，由全副武裝的軍警把守。外地藏人必須持有諸多證件和證明，簡稱為「五證俱全」方可進入拉薩，包括：一、身分證；二、戶口本；三、原籍所在地的居委會或鄉村的介紹信；四、

跨越邊界

所有的邊界化為烏有，
你的上師去而復歸。
經歷了多年的抗爭與痛苦，
你終於能夠回歸故里，
與你的至愛親朋歡聚一堂。

結古多的神奇藍花
將會盛開怒放。

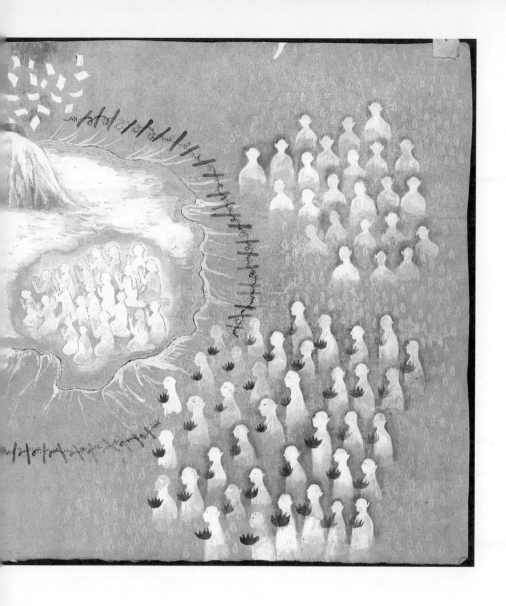

原籍縣公安部門出具的無犯罪紀錄擔保書;五、原籍縣公安部門出具的進藏許可證明。另外,如果是僧尼,還必須持有當局發的僧尼證。

二〇一二年八月,我從北京回拉薩時被攔截在途中,抄錄了警方出示的「進藏許可證明」之詳細要求,如下:

和本人相符的基本情況、姓名、性別、身分證號碼,前往西藏的目的地及進藏事由,進藏後擬居住的地點及在藏活動的時間,進藏人員有無違法犯罪紀錄,本人不從事違法犯罪活動及擔保情況,開具證明的公安機關、聯絡人和聯繫方式。

僅其中那一項「本人不從事違法犯罪活動及擔保」,一般的藏人就根本得不到。中國的警察機構怎麼會給普通藏人出具這種擔保呢?在他們眼中,藏人皆具危險性,可能上街喊口號、撒傳單、鬧事,甚至自焚,要當作敵人來加以防範。即使是有同情心的警察也不敢開這種證明,擔

心一旦出事如何負得起責任。我在與檢查站交涉時，對方給我看了一份進藏證明影本，是一個四川省甘孜藏族自治州理塘縣藏人去看望在西藏自治區安全廳工作的妻子，而他獲得了本地警察的擔保。很明顯，只有跟權力集團有關係的藏人才能取得進藏需要的證明。

　　拉薩是西藏宗教與文化的中心，也是西藏政治與歷史的中心，在藏人心目中具有聖城的地位，如同耶路撒冷之於猶太教、伊斯蘭教和基督教。中國當局把外地藏人與拉薩隔絕的作法，使得一百多名國際藏學家在寫給中國主席和聯合國教科文組織的公開信[18]中這樣指出：「前往拉薩履行和朝聖的實際限制，已經開始改變拉薩一千多年來在藏人生活中扮演的角色」、「正在剝奪藏人同西藏過往歷史之間活生生的聯繫」。

　　以往，在通往拉薩的各條道路上，總是有絡繹不絕、磕著長頭去拉薩朝聖的藏人。以五體投地的身軀丈量從家鄉到聖城的漫長距離，以這種近似苦修的方式表達虔誠的信仰，最終在抵達聖城時使心靈得到無可替代的慰藉。數

年前，我們駕車去往拉薩途中，看到幾百個邊地藏人在白雪覆蓋的坎坷路上，浩浩蕩蕩地向著拉薩磕長頭而去，正在開車的同族友人突然哭出聲來：「我們只剩下這點自由了。」而如今，我們連這點自由也沒有了。

將拉薩之外的藏人與拉薩這座佛教聖城分離開來，這應該是拉薩自西元七世紀建城以來從未有過的事情。至今沒有太多人知道這一點。誰會相信，你回自己的家需要公安局開證明？誰會相信，你去朝拜信仰的聖地需要警察做擔保？甚至連藏人自己也不相信再也見不到心中最神聖的「覺仁波切」（Jowo Rinpoche，大昭寺供奉的釋迦牟尼佛像）。但是當他們踏上朝聖之旅，在機場，在火車站，在漫長公路上的第一個檢查站，就會就被毫不留情地阻擋，被冷酷無情地要求立即返回，若不聽從，那麼好吧，會有持槍的特警將他們押向某個黑暗之處。

更讓藏人寒心的是，他們不被允許進入自己的聖城，而其他中國人，只要不是藏人，僅憑一張身分證，就可以用任何方式——坐飛機、坐火車、開汽車、騎自行車，甚

至徒步去拉薩，走遍處處設防的藏地，卻如同走在風景攬勝的遊樂園。今天，代替了磕著長頭去拉薩朝拜的藏人信徒的，是成千上萬的中國自行車愛好者，他們自由自在，鮮豔奪目，騎車奔向已被變成一個中國旅遊村的拉薩。而拉薩城內，在槍口下看管的藏人居民已經成了少數。形形色色的各地漢人——從旅遊者到小商販到打工者——充斥著拉薩的大街小巷，一個個喜氣洋洋，大聲喧嘩，一副主人模樣，且與持槍在手的軍警無比友好。

我們都以為種族隔離這種事情已經遙遠，只會在七十年前的納粹時代、二十年前的南非國家發生，卻沒想到會在二十一世紀的今天發生並經歷這可怕的「逆向的種族隔離」。今天的拉薩已被藏人們諷稱為「納粹統治下的猶太隔離區」了。當年納粹「排猶」，而今中共「排藏」，歷史的重複讓年輕藏人在網路上的這句話廣為流傳：「就像在胸前佩戴六芒星的猶太人說的那樣：我們手無寸鐵，偌大的世界，卻沒有人為我們挺身而出。」

早在一九七〇年代，聯合國安理會就南非的惡劣狀

況通過的一項決議宣稱，種族隔離政策是「對人類良心與尊嚴的罪行」。然而，面對整個藏地的狀況，面對藏地首府拉薩的狀況，這個世界是不是忘記了曾對實行種族隔離的國家與政府所進行的抵制呢？中國政府以種族隔離的方式排查（編按：為偵破案件對一定範圍內的人進行逐個審查）、清洗、控制藏人，就能杜絕藏人的自焚抗議嗎？不過，中國政府至少以它的強勢迫使世界做到了這一點——正如《時代》（Time）雜誌宣布的：藏人自焚事件是二〇一一年頭號缺乏報導的新聞事件。如要修改，可改為：藏人自焚事件不只是二〇一一年，還是二〇一二年、二〇一三年、二〇一四年頭號缺乏報導的新聞事件。

18．http://woeser.middle-way.net/2013/05/blog-post_6051.html。

中國當局的
「反自焚運動」

　　二〇〇八年三月遍及全藏地的抗議被血腥鎮壓，僅派遣到藏東康區的軍警就有數萬之多，比一九五〇年代以「平息叛亂」為名進駐的軍人還多。藏學家夏琳・麥克立（Charlene Makley）為此寫道：「正如我在二〇〇八年所觀察到的，對藏人抗議的軍事鎮壓，標誌著中國共產黨的

體制正式進入到一種異常狀態,它不再封鎖、圍困特定對象的敵人,而是封鎖、圍困整座城鎮和整個地區。」[19]

一位僧人這樣問我:「有一天,中國政府會不會把全藏地寺院的僧侶殺的殺、關的關,使得每座寺院的僧人寥寥無幾?」我感到驚訝,就說不會,因為這麼做,全世界都要抗議的,這是很大的罪行。

結識多年的僧人並不相信我的話,語氣低沉地說:「我覺得他們會這麼做。而且,全世界也不會管的。」他說:「妳不記得了嗎?二〇〇八年那時候,拉薩三大寺的僧人們有些被打死了,許多人至今還在監獄裡。而我們,上千僧人被拿著槍的軍警從僧舍裡抓走,先被關押了一個多月,再被蒙上黑頭套,押到火車上,從青藏鐵路運到格爾木的軍隊監獄,一直被關押到奧運會結束,再把我們趕回各自的家鄉,從此我們成了沒有寺院、無處可去卻不得不到處流浪的可疑者。可是這麼大的災難,這個世界知道嗎?」

他說:「實際上,如果二〇〇八年那時候,把我們這麼多僧人在拉薩殺了,或者在格爾木殺了,我想這個世界

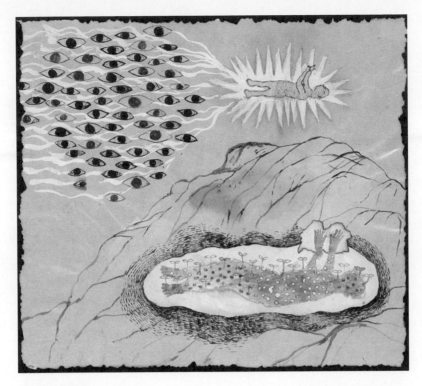

獻給才讓東周

三十五歲，三個孩子的父親，圖伯特安多地區桑曲宗阿木去乎人（甘肅省甘南藏族自治州夏河縣）。二〇一二年十一月二十日，他在當地一座金礦的入口處自焚身亡。

在你的遺體上，
會長出綠色的草；
你自焚的地方，
將變成聖潔的牧場，
你在金色的光中
永生……

也不會知道的，也不會發聲的。有了這樣的經歷，我總是這麼想，如果他們把藏地每個寺院的許多僧人都殺了，也不是沒有可能的。」聽他說到這，我不禁落淚……

　　二〇一二年十月二十一日，甘肅省甘南藏族自治州公安局發布藏、漢文兩種文字的通告，要求舉報自焚事件的「幕後黑手」、舉報自焚線索，許諾會獎賞五萬到二十萬元。許多村莊的路口以及寺院都被安裝了監視器，從各個單位抽調幹部輪番值班，晝夜坐在引擎始終運轉的車裡，監視有無藏人自焚。但是，此通告貼出之前，甘南州七個月內六位藏人自焚；而在通告貼出之後，短短一個多月內，甘南州連續十四位藏人自焚。

　　二〇一二年十一月十四日，青海省黃南藏族自治州發布嚴厲制裁藏人自焚的緊急通知，表示要嚴厲懲罰悼念、慰問自焚者並向其家庭捐款的藏人們，取消經濟上的福利或補助，寺院則被關閉等等。在這份通知發布之前，黃南州八個月內有八位藏人自焚；而在通知發布後，不及一個月內有八位藏人自焚！

二〇一二年十二月底，中華人民共和國最高人民法院、最高人民檢察院、公安部聯合下發了《關於依法辦理藏區自焚案件的意見》，[20] 給藏人自焚定性：「自焚案件中的自焚者不同於一般的厭世自殺者，普遍具有分裂國家的動機，並且對公共安全、社會秩序造成危害，其自焚行為屬於違法犯罪活動。」於是，自上而下的「反自焚專項鬥爭」殺氣騰騰地啟動，這意味著國家迫害的升級和加劇。

「反自焚專項鬥爭」甚至具體到要求所有藏人必須做到以下「七不准」：

一、不准在家中懸掛達賴喇嘛畫像；

二、不准宣傳達賴集團的言論和觀點；

三、不准散布對黨和政府不滿的言論和各種謠言；

四、不准組織、策畫、煽動、脅迫、引誘、教唆、幫助他人自焚；

五、不准參與自焚事件的圍觀、抬屍送葬、慰問捐助等活動；

六、不准參與非法遊行活動；

七、不准聚眾擾亂社會秩序、公共場所秩序、交通秩
　　序。

　　青海省海西蒙古族藏族自治州天峻縣阿汗達勒寺僧人
丹曲桑波於二〇一二年二月十七日自焚犧牲，之後，與他
同寺的九位僧人、當地一位牧民，被指控向境外提供丹曲
桑波的自焚消息、主持超度法會而遭捕，分別被判刑一年
至十年。又如甘肅省甘南藏族自治州夏河縣牧民多傑仁欽
於二〇一二年十月二十三日自焚犧牲，之後，當地六位藏
人分別被判刑三年至十二年，具體罪名是「衝擊、毆打執
勤人員等方式，阻礙執勤人員對自焚者施救」、「在公共
場所起鬨鬧事，造成公共場所秩序嚴重混亂」、「參與搶
抬自焚者」等。又比如青海省黃南藏族自治州澤庫縣尼師
桑傑卓瑪於二〇一二年十一月二十五日自焚犧牲，之後，
當地六名藏人被捕，包括她的姐姐、姐夫，迄今情況不明，
不知是否被定罪、被判刑等。

二〇一三年四月八日，四川省阿壩藏族羌族自治州若爾蓋縣當局向全縣下發藏、漢文兩種文字的「關於反自焚工作暫行規定的通告」，共十六項規定，強調「哪裡發生自焚案件就對哪裡進行『嚴打』整治」，要對自焚者家人、親屬、所在鄉村及寺院等進行連坐。甚至，如第七條規定稱，「發生自焚案件的村（社區）寺廟，須繳納一萬到五十萬元的反自焚保證金」；第十一條規定稱，「自焚者直系親屬申請出國（邊）境或到西藏自治區，三年內不予審批」；第十六條規定稱，「對提供自焚案件線索、情報資訊者，一經查實，視其價值給予二千元到五十萬元的獎勵」。

　　這種連坐的手段就像是中國古代「滿門抄斬」的今日翻版。僅依據目前所報導的（包括境外涉藏媒體和組織報導的，以及中國官方媒體如 CCTV、新華社、新華網報導的）案例，至少有五十起與四十七位自焚者相關，其中至少有兩百、甚至更多的藏人因此被拘捕、被判刑，最高刑期是死刑，[21] 最低也有一、兩年，更多的是數年重刑，但

一定還有未被報導的連坐案例已經發生，就像暗夜裡的吞噬。

19‧http://woeser.middle-way.net/2012/04/charlene-makley.html。原文是：" As I found in 2008, the military crackdown on Tibetan protest institutionalized the CCP's state of exception in a state of siege targeting not a specific enemy but entire towns and districts."

20‧http://woeser.middle-way.net/2012/12/blog-post_13.html。

21‧二〇一三年三月十三日自焚犧牲的四川省阿壩藏族羌族自治州若爾蓋婦女貢確旺姆的丈夫卓瑪甲，被阿壩州中級法院以「故意殺人罪」判處死刑。

休戚與共的
迢迢長路

　　二〇〇八年的抗議之後，一切發生了轉折之變。一位如今被關在獄中的藏人作家曾寫道：「二〇〇八年的抗議把這句話傳遍西藏：བོད་མི་སྲིད་སྲུག་མཉམ་ཆོང་། （藏人休戚與共）。」二〇〇八年之後的西藏：暗流湧動時表面平靜，表面平靜時暗流湧動，一次次來自民間、底層的不合作，漸漸化作

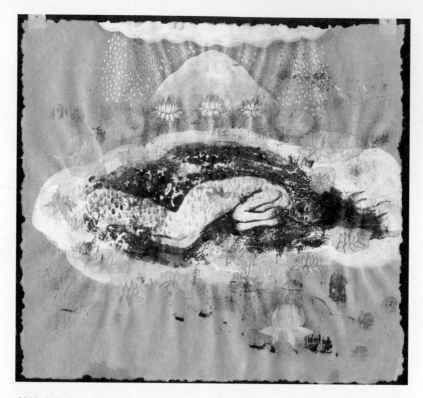

獻給班欽吉，十七歲，她於二〇一二年十二月九日在安多熱貢地區澤庫縣多禾茂鄉自焚。

妳在自己附近的牧場上自焚，彷彿又回歸妳故鄉的土地。如妳所願，妳的家人和兩千同胞聚集在一起護佑著妳的遺體。在達蘭薩拉，祝福的雨滴和雪花灑落群山，我們在這裡為妳獻上我們的祈禱，我們的燭光和潔白的蓮花。

多達百餘人的焚身烈火。

　　不過我思忖，我們是不是應該同意藏學家夏琳‧麥克立的結論？她說：「當整個高原蔓延開集體的、非復仇的悲哀，當沉默在嚴密封鎖下燃燒，伴隨著政府安全部隊（以強迫失蹤的方式）和國家媒體（以不停的新聞檢查）的不斷清除，這些自焚者燃燒的軀體其實是在『預示』嚴酷的、最終的（藏民族的）死亡，這點至為重要。」[22]

　　然而，這個結論實在令人沮喪。那麼，有沒有任何不同的改變在發生呢？換句話說，在整個藏地，有沒有出現以自焚者生命換來的某種覺悟或者行動呢？

　　事實上，每個自焚者的事蹟及遺言都在當地廣為流傳，反響極大。比如在索巴仁波切自焚的達日縣，數百藏人自發地將數千把刀具、獵槍、子彈等集中銷毀，並誓言從此不再佩戴武器，不在內部鬥毆，不偷盜，不殺生，加強藏人內部的團結。而在連續六位藏人自焚犧牲的壤塘縣，數千藏人自發地將數千把刀具、獵槍等，交予壤塘大寺確爾基經學院、藏窪經學院銷毀，並宣誓從此不再爭鬥、

不再殺生。

越來越多的民眾主動放棄、銷毀佩刀、槍枝等，使我認識到，這不只是在簡單地表達「我們再也不要攜帶武器」、「我們再也不要殺生」等願望，可能更具有深刻而長遠的意義，也即是出於對未來充滿危險的可能性的考量，而產生的諸多源自本土的應對辦法之一。

何以這麼說呢？我始終堅信在藏地，有許多的高僧大德或民間菁英，一直在思考我們這個僅六百萬民族的艱難處境及險惡命運。為免於被同化、被消失，無數藏人以各種行動在抗爭，包括以身浴火乃是最為慘烈的行動。然而，中國政府採取的是步步升級的鎮壓，甚至將自焚藏人全都定為有罪，自焚行為定為「恐怖主義」、「恐怖行為」，而未來，整個民族被抹黑為「恐怖分子」的集體形象，將不斷地被中國政府構陷下去，當然它的目的就是徹底扭轉藏人在全世界一直持有的非暴力形象。

透過多年來的殘酷事實，藏地的高僧大德及民間菁英可能已經預見到這巨大的危險。而如今在康區和安多興起

的放棄、銷毀佩刀的行動，會不會是從現在起，就以自我犧牲的方式，來向世人展示藏人維護「非暴力」的形象，從而使將來有可能被抹黑成「暴力」的陰謀落空？會不會是促使更多的藏人，從現在起就相互警示，共同為整個民族的延續存在而甘願付出這樣的犧牲？

聯想到二〇〇八年之後遍及全藏地的種種「非暴力不合作」，比如「不過新年」、「罷耕」、「拉嘎」等等，底層百姓以放棄、銷毀佩刀的方式，再一次體現了「非暴力不合作」的堅持。更重要的是，這一行動是與寺院及僧侶一起完成的，諸多的「非暴力不合作」的範例，其實都與寺院及僧侶的影響力分不開。非暴力並不是簡單的、口頭的不暴力。非暴力不合作是有方法的，在藏地發生的不合作事例已經很多，需要有審慎的思考和策略性的規畫以及引導，而民眾很快就會意識到這類合作所傳遞的資訊。

22・http://woeser.middle-way.net/2012/04/charlene-makley.html。原文是：＂in the face of collective, unrequited grief across the plateau, the burning silence of Tibetans under the ongoing siege, what immolators' bodies most importantly 'show' is the searing fact of untimely death itself, against its ongoing erasure by state security forces (in forced disappearances) and by state media (in ongoing censorship).＂

結語

許多個白天或黑夜，我在電腦上一張張地看著自焚族人的照片，看他們生前充滿活力的照片，看他們被火焰吞噬壯烈殉難的照片，每個人都是擁有西藏諺語推崇的「心臟的骨頭」（ སྙིང་རུས། ）。我覺得他們都很面熟，彷彿我去過他們的家鄉和寺院，在路上與他們相遇、微笑……是的，

二〇一二年七月二十七日的守夜禱告

有感於一張德里守夜祈禱的照片。

血與火的紅色花瓣，
變得潔白而純淨，
庇護這草原，清潔著流水，
保佑著倖存者，
遠離恐懼與暴力。

——記聖山之巔的一次守夜祈禱

絕大多數地方我都去過，其中還有我的生長之地，因此我認為自己有責任為之記錄：說出這一切，說出每一位自焚族人的故事，以及不能忘卻的記憶。

是的，「心臟的骨頭」既是諺語也是隱喻。以身浴火的英雄兒女，全都屬於深藏在雪域高原內部的「心臟的骨頭」，劫難中的西藏因此而不亡。然而，以自焚表達抗議，太慘烈、太痛苦，為此我曾發出呼籲，[23] 請求藏人不再自焚，壓迫再大也要留住生命。但我們的呼籲無效，實際上我也清楚必然如此。一方面，這種自焚運動如同地震或洪水那樣，不是誰贊成與否就可以左右的，需要把所有的能量全部釋放才可能消退。更關鍵的是，受命於當局的官員與軍警仍然在整個藏地到處作惡點火，唯有當其不再作惡點火，藏人才有可能顧及、保全個人的生命。

一切的記憶都與苦難的火焰有關，唯有我們真正的懷念、銘記和堅持，才有可能讓火焰中的犧牲者，在每一天回到我們中間，在每一天回到這被稱為「崗炯」（雪域）的廣大土地上，永遠在場，永遠生生不息……容我雙手合

十，向自焚的族人們致以最痛的祈禱，以及最高的景仰！

二〇一三年五月一日初稿於北京

二〇一三年八月三十一日定稿於拉薩

二〇一五年二月一日再定稿於拉薩、北京

23・即二〇一二年三月七日，我與在美國的阿嘉仁波切、在安多藏區的詩人嘎代才讓，以藏、中、英三種文字聯名發出公開連署〈籲請藏人再勿自焚：壓迫再大也要留住生命〉（http://woeser.middle-way.net/2012/03/blog-post_08.html）。

帕域（藏語「故鄉」之意）

附錄一

142 位
自焚藏人名單

1. **圖丹歐珠**（ཐུབ་བསྟན་དངོས་གྲུབ，Thupten Ngodup），男，60 歲，退伍士兵，寺院廚師，曾為僧人。1998 年 4 月 27 日自焚，犧牲。新德里，印度。
2. **拉巴次仁**（Lhakpa Tsering），男，24 歲，活動人士。2006 年 11 月 23 日自焚，受傷。孟買，印度。
3. **扎白**（བཀྲ་ཤིས，Tapey），男，24 歲，僧人。2009 年 2 月 27 日自焚，犧牲。安多阿壩（今四川省阿壩藏族羌族自治州阿壩縣）。
4. **彭措**（བློ་བཟང་ཕུན་ཚོགས，Lobsang Phuntsok），男，20 歲，僧人。2011 年 3 月 16 日自焚，犧牲。安多阿壩（今四川省阿壩藏族羌族自治州阿壩縣）。
5. **次旺諾布**（充翁洛卜，ཚེ་དབང་ནོར་བུ，Tsewang Norbu），男，29 歲，僧人。2011 年 8 月 15 日自焚，犧牲。康道塢（今四川省甘孜藏族自治州道孚縣）。
6. **洛桑格桑**（尕爾讓，བློ་བཟང་སྐལ་བཟང，Lobsang Kelsang），男，18 歲，僧人。2011 年 9 月 26 日自焚，被軍警帶走，下落不明。安多阿壩（今四川省阿壩藏族羌族自治州阿壩縣）。
7. **洛桑貢確**（貢確旦巴，བློ་བཟང་དཀོན་མཆོག，Lobsang Konchok），男，18 歲，僧人。2011 年 9 月 26 日自焚，被軍警帶走，下落不明。安多阿壩（今四川省阿壩藏族羌族自治州阿壩縣）。
8. **格桑旺久**（尕爾讓旺修，སྐལ་བཟང་དབང་ཕྱུག，Kelsang Wangchuk），男，17 歲，僧人。2011 年 10 月 3 日自焚，被軍警帶走，下落不明。安多阿壩（今四川省阿壩藏族羌

53. **卓尕措**（張可草，ཀྲོལ་དཀར་མཚོ，Dolkar Tso），女，26 歲，農民，母親。2012 年 8 月 7 日自焚，犧牲。安多黑措（今甘肅省甘南藏族自治州合作市）。

54. **覺巴**（ཀོས་པ Choepa），男，24 歲，牧民。2012 年 8 月 10 日自焚，犧牲。安多阿壩（今四川省阿壩藏族羌族自治州阿壩縣）。

55. **隆多**（ལུང་རྟོགས，Lungtok），男，20 歲，僧人。2012 年 8 月 13 日自焚，犧牲。安多阿壩（今四川省阿壩藏族羌族自治州阿壩縣）。

56. **扎西**（བཀྲ་ཤིས，Tashi），男，21 歲，牧民，原為僧人。2012 年 8 月 13 日自焚，犧牲。安多阿壩（今四川省阿壩藏族羌族自治州阿壩縣）。

57. **洛桑格桑**（བློ་བཟང་སྐལ་བཟང，Lobsang Kalsang），男，18 歲，僧人。2012 年 8 月 27 日自焚，犧牲。安多阿壩（今四川省阿壩藏族羌族自治州阿壩縣）。

58. **旦木曲**（དམ་ཆོས，Dhamchoe），男，17 歲，牧民，曾為僧人。2012 年 8 月 27 日自焚，犧牲。安多阿壩（今四川省阿壩藏族羌族自治州阿壩縣）。

59. **巴桑拉毛**（པ་སངས་ལྷ་མོ，Passang Lhamo），女，62 歲，退休幹部。2012 年 9 月 13 日自焚，受傷。北京住建部（住房和城鄉建設部）。

60. **永仲**（གཡུང་དྲུང，Yungdrung），男，27 歲，農民。2012 年 9 月 29 日自焚，犧牲。康稱多（今青海省玉樹藏族自治州稱多縣）。

61. **古珠**（དགེ་གྲུབ，Gudrub），男，43 歲，網路作家。2012 年 10 月 4 日自焚，犧牲。羌塘那曲（今西藏自治區省那曲地區那曲縣）。

62. **桑吉堅措**（སངས་རྒྱས་རྒྱ་མཚོ，Sangay Gyatso），男，26 歲，牧民，父親。2012 年 10 月 6 日自焚，犧牲。安多黑措（今甘肅省甘南藏族自治州合作市）。

63. **丹增多傑**（བསྟན་འཛིན་རྡོ་རྗེ，Tamdin Dorjee），男，54 歲，牧民，第七世貢唐倉仁波切的外祖父。2012 年 10 月 13 日自焚，犧牲。安多黑措（今甘肅省甘南藏族自治州合作市）。

64. **拉莫嘉**（拉毛傑，ལྷ་མོ་སྐྱབས，Lhamo Kyab），男，27 歲，牧民，父親。2012 年 10 月 20 日自焚，犧牲。安多桑曲（今甘肅省甘南藏族自治州夏河縣）。

65. **頓珠**（དོན་འགྲུབ，Dhondup），男，61 歲，牧民和修行者，父親。2012 年 10 月 22 日自焚，犧牲。安多桑曲（今甘肅省甘南藏族自治州夏河縣）。

66. **多傑仁欽**（道吉仁青，རྡོ་རྗེ་རིན་ཆེན，Dorjee Rinchen），男，58 歲，牧民，父親。2012 年 10 月 23 日自焚，犧牲。安多桑曲（今甘肅省甘南藏族自治州夏河縣）。

67. **澤博**（ཚེ་བོ，Tsepo），男，20 歲，牧民。2012 年 10 月 25 日自焚，犧牲。康納秀（今西藏自治區省那曲地區比如縣）。

68. **丹增**（བསྟན་འཛིན Tenzin），男，25 歲，牧民。2012 年 10 月 25 日自焚，被軍警帶走，下落不明。康納秀（今西藏自治區省那曲地區比如縣）。

69. **拉毛才旦**（ལྷ་མོ་ཚེ་བརྟན，Lhamo Tseten），男，24 歲，牧民，父親。2012 年 10 月 26 日自焚，犧牲。安多桑曲（今甘肅省甘南藏族自治州夏河縣）。

70. **圖旺嘉**（土瑪傑，ཐུབ་དབང་སྐྱབས，Thubwang Kyab），男，23 歲，牧民，父親。2012 年 10 月 26 日自焚，犧牲。安多桑曲（今甘肅省甘南藏族自治州夏河縣）。

71. **多吉楞珠**（རྡོ་རྗེ་ལྷུན་འགྲུབ，Dorjee Lhundup），男，25 歲，唐卡畫師，父親。2012 年 11 月 4 日自焚，犧牲。安多熱貢（今青海省黃南藏族自治州同仁縣）。

72. **多傑**（རྡོ་རྗེ，Dorjee），男，16 歲，僧人。2012 年 11 月 7 日自焚，犧牲。安多阿壩（今四川省阿壩藏族羌族自治州阿壩縣）。

73. **桑珠**（尼麥若巴，བསམ་འགྲུབ，Samdrup），男，17 歲，僧人。2012 年 11 月 7 日自焚，被軍警帶走，下落不明。安多阿壩（今四川省阿壩藏族羌族自治州阿壩縣）。

74. **多吉嘉**（索朗降木措，རྡོ་རྗེ་སྐྱབས，Dorjee Kyab），男，16 歲，僧人。2012 年 11 月 7 日自焚，被軍警帶走，下落不明。安多阿壩（今四川省阿壩藏族羌族自治州阿壩縣）。

75. **丹珍措**（措毛，རྟ་མགྲིན་འཚོ，Tamding Tso），女，23 歲，牧民，母親。2012 年 11 月 7

日自焚，犧牲。安多熱貢（今青海省黃南藏族自治州同仁縣）。

76. 次傑（才加，ཚེ་རྒྱལ་，Tsegyal），男，27 歲，牧民，父親。2012 年 11 月 7 日自焚，犧牲。康納秀（今西藏自治區省那曲地區比如縣）。

77. **格桑金巴**（སྐལ་བཟང་སྦྱིན་པ་，Kalsang Jinpa），男，18 歲，牧民。2012 年 11 月 8 日自焚，犧牲。安多熱貢（今青海省黃南藏族自治州同仁縣）。

78. **貢保才讓**（མགོན་པོ་ཚེ་རིང་，Gonpo Tsering），男，19 歲，牧民。2012 年 11 月 10 日自焚，犧牲。安多黑措（今甘肅省甘南藏族自治州合作市）。

79. **寧尕扎西**（娘尕扎西，སྙིང་དཀར་བཀྲ་ཤིས་，Nyingkar Tashi），男，24 歲，牧民。2012 年 11 月 12 日自焚，犧牲。安多熱貢（今青海省黃南藏族自治州同仁縣）。

80. **寧吉本**（娘吉合本，སྙིང་ཆགས་འབུམ་，Nyingchak Bhum），男，20 歲，牧民。2012 年 11 月 12 日自焚，犧牲。安多熱貢（今青海省黃南藏族自治州同仁縣）。

81. **當增卓瑪**（བསྟན་འཛིན་སྒྲོལ་མ་，Tangzin Dolma），女，23 歲，農民。2012 年 11 月 15 日自焚，犧牲。安多熱貢（今青海省黃南藏族自治州同仁縣）。

82. **卡本加**（ཁ་འབུམ་རྒྱལ་，Khabum Gyal），男，18 歲，牧民。2012 年 11 月 15 日自焚，犧牲。安多熱貢（今青海省黃南藏族自治州同仁縣）。

83. **久毛吉**（吉合毛吉，སྐྱིད་མོ་སྐྱིད་，Chagmo Kyi），女，27 歲，計程車司機，母親。2012 年 11 月 17 日自焚，犧牲。安多熱貢（今青海省黃南藏族自治州同仁縣）。

84. **桑達次仁**（གསང་བདག་ཚེ་རིང་，Sangdak Tsering），男，24 歲，牧民，父親。2012 年 11 月 17 日自焚，犧牲。安多澤庫（今青海省黃南藏族自治州澤庫縣）。

85. **旺青諾布**（黃尖，དབང་ཆེན་ནོར་བུ་，Wangchen Norbu），男，25 歲，農民。2012 年 11 月 19 日自焚，犧牲。安多亞孜（今青海省海東地區循化撒拉族自治縣）。

86. **才讓東周**（ཚེ་རིང་དོན་འགྲུབ་，Tsering Dhongub），男，34 歲，牧民，父親。2012 年 11 月 20 日自焚，犧牲。安多桑曲（今甘肅省甘南藏族自治州夏河縣）。

87. **魯布嘉**（盧本才讓，ཀླུ་འབུམ་རྒྱལ་，Lubhum Gyal），男，19 歲，牧民。2012 年 11 月 22 日自焚，犧牲。安多熱貢（今青海省黃南藏族自治州同仁縣）。

88. **丹知傑**（ར་མགྲིན་སྐྱབས་，Tamding Kyab），男，23 歲，牧民，曾為僧人。2012 年 11 月 22 日自焚，犧牲。安多祿曲（今甘肅省甘南藏族自治州祿曲縣）。

89. **達政**（丹正多傑，ར་མགྲིན་རྡོ་རྗེ་，Tamding Dorjee），男，29 歲，牧民。2012 年 11 月 23 日自焚，犧牲。安多澤庫（今青海省黃南藏族自治州澤庫縣）。

90. **桑傑卓瑪**（སངས་རྒྱས་སྒྲོལ་མ་，Sangay Dolma），女，17 歲，尼師。2012 年 11 月 25 日自焚，犧牲。安多澤庫（今青海省黃南藏族自治州澤庫縣）。

91. **旺嘉**（དབང་རྒྱལ་，Wangyal），男，20 歲，學生，曾為僧人。2012 年 11 月 26 日自焚，被軍警帶走，下落不明。康色達（今四川省甘孜藏族自治州色達縣）。

92. **關曲才讓**（དཀོན་མཆོག་ཚེ་རིང་，Konchok Tsering），男，18 歲，牧民。2012 年 11 月 26 日自焚，犧牲。安多桑曲（今甘肅省甘南藏族自治州夏河縣）。

93. **貢保才讓**（མགོན་པོ་ཚེ་རིང་，Gonpo Tsering），男，24 歲，牧民，父親。2012 年 11 月 26 日自焚，犧牲。安多祿曲（今甘肅省甘南藏族自治州祿曲縣）。

94. **格桑傑**（尕讓下，སྐལ་བཟང་སྐྱབས་，Kelsang Kyab），男，24 歲，牧民。2012 年 11 月 27 日自焚，犧牲。安多左格（今四川省阿壩藏族羌族自治州若爾蓋縣）。

95. **桑傑扎西**（སངས་རྒྱས་བཀྲ་ཤིས་，Sangay Tashi），男，18 歲，牧民。2012 年 11 月 27 日自焚，犧牲。安多桑曲（今甘肅省甘南藏族自治州夏河縣）。

96. **萬代科**（བན་དེ་མཁར་，Wande Khar），男，21 歲，牧民。2012 年 11 月 28 日自焚，犧牲。安多黑措（今甘肅省甘南藏族自治州合作市）。

97. **才讓南加**（才考、才項南木傑，ཚེ་རིང་རྣམ་རྒྱལ་，Tsering Namgyal），男，31 歲，牧民，父親。2012 年 11 月 29 日自焚，犧牲。安多祿曲（今甘肅省甘南藏族自治州祿曲縣）。

98. 貢確傑（དཀོན་མཆོག་སྐྱབས།，Kunchok Kyab），男，29 歲，牧民。2012 年 11 月 30 日自焚，犧牲。安多左格（今四川省阿壩藏族羌族自治州若爾蓋縣）。

99. 松底嘉（桑代傑，གསང་བདག་སྐྱབས།，Sangdak Kyab），男，18 歲，牧民。2012 年 12 月 2 日自焚，致殘。安多桑科（今甘肅省甘南藏族自治州夏河縣）。

100. 洛桑格登（བློ་བཟང་དགེ་འདུན།，Lobsang Gendun），男，29 歲，僧人。2012 年 12 月 3 日自焚，犧牲。安多果洛（今青海省果洛藏族自治州班瑪縣）。

101. 貢確佩傑（དཀོན་མཆོག་འཕེལ་རྒྱས།，Kunchok Phelgye），男，24 歲，僧人。2012 年 12 月 8 日自焚，犧牲。安多左格（今四川省阿壩藏族羌族自治州若爾蓋縣）。

102. 白瑪多傑（པདྨ་རྡོ་རྗེ།，Pema Dorjee），男，23 歲，牧民。2012 年 12 月 8 日自焚，犧牲。安多祿曲（今甘肅省甘南藏族自治州祿曲縣）。

103. 班欽吉（པར་ཆེན་སྐྱིད།，Benchen Kyi），女，16 歲，學生。2012 年 12 月 9 日自焚，犧牲。安多澤庫（今青海省黃南藏族自治州澤庫縣）。

104. 才讓扎西（ཚེ་རིང་བཀྲ་ཤིས།，Tsering Tashi），男，22 歲，牧民。2013 年 1 月 12 日自焚，犧牲。安多桑曲（今甘肅省甘南藏族自治州夏河縣）。

105. 珠確（དུམ་མཆོག，Dumchok），男，27 歲，牧民，父親。2013 年 1 月 18 日自焚，犧牲。安多瓊曲（今四川省阿壩藏族羌族自治州紅原縣）。

106. 貢去乎傑布（貢覺嘉，དཀོན་མཆོག་སྐྱབས།，Kunchok Kya），男，26 歲，牧民，父親。2013 年 1 月 22 日自焚，犧牲。安多桑曲（今甘肅省甘南藏族自治州夏河縣）。

107. 洛桑朗傑（བློ་བཟང་རྣམ་རྒྱལ།，Lobsang Namgyal），男，37 歲，僧人。2013 年 2 月 3 日自焚，犧牲。安多左格（今四川省阿壩藏族羌族自治州若爾蓋縣）。

108. 竹欽澤仁（གྲུབ་ཆེན་ཚེ་རིང་།，Drupchen Tsering），男，25 歲，朱古（活佛）。2013 年 2 月 13 日自焚，犧牲。博納佛塔，加德滿都，尼泊爾。

109. 珠巴卡（འབྲུག་པ་མཁར།，Drukpa Khar），男，26 歲，牧民，父親。2013 年 2 月 13 日自焚，犧牲。安多左格（今甘肅省甘南藏族自治州合作市）。

110. 南拉多讓（གནམ་ལྷ་ཚེ་རིང་།，Namlha Tsering），男，49 歲，牧民，父親。2013 年 2 月 17 日自焚，犧牲。安多桑曲（今甘肅省甘南藏族自治州夏河縣）。

111. 仁青（仁千澤里，རིན་ཆེན།，Rinchen），男，17 歲，打工者。2013 年 2 月 19 日自焚，犧牲。安多左格（今四川省阿壩藏族羌族自治州若爾蓋縣）。

112. 索南達傑（索朗達機，བསོད་ནམས་དར་རྒྱས།，Sonam Dhargyal），男，18 歲，牧民。2013 年 2 月 19 日自焚，犧牲。安多左格（今四川省阿壩藏族羌族自治州若爾蓋縣）。

113. 彭毛頓珠（ཕག་མོ་དོན་གྲུབ།，Phagmo Dhondup），男，21 歲，農民。2013 年 2 月 24 日自焚，犧牲。安多巴燕（今青海省海東地區化隆回族自治縣）。

114. 才松加（ཚེ་གསུམ་སྐྱབས།，Tsesung Kyab），男，27 歲，牧民。2013 年 2 月 25 日自焚，犧牲。安多祿曲（今甘肅省甘南藏族自治州祿曲縣）。

115. 桑達（གསང་བདག，Sangdak），男，19 歲，僧人。2013 年 2 月 25 日自焚，被軍警帶走，下落不明。安多阿壩（今四川省阿壩藏族羌族自治州阿壩縣）。

116. 貢確旺姆（廣秋俄麼，དཀོན་མཆོག་དབང་མོ།，Konchok Wangmo），女，30 歲，居民，母親。2013 年 3 月 13 日自焚，犧牲。安多左格（今四川省阿壩藏族羌族自治州若爾蓋縣）。

117. 洛桑妥美（བློ་བཟང་ཐོགས་མེད།，Lobsang Thokmey），男，28 歲，僧人。2013 年 3 月 16 日自焚，犧牲。安多阿壩（今四川省阿壩藏族羌族自治州阿壩縣）。

118. 格吉（སྐལ་སྐྱིད།，Kalkyi），女，30 歲，牧民，母親。2013 年 3 月 24 日自焚，犧牲。安多壤塘（今四川省阿壩藏族羌族自治州壤塘縣）。

119. 拉毛傑（ལྷ་མོ་སྐྱབས།，Lhamo Kyab），男，43 歲，護林員。2013 年 3 月 25 日自焚，犧牲。安多桑曲（今甘肅省甘南藏族自治州夏河縣）。

120. 貢確丹增（དཀོན་མཆོག་བསྟན་འཛིན།，Kunchok Tenzin)，男，28 歲，僧人。2013 年 3 月 26 日自焚，

犧牲。安多祿曲（今甘肅省甘南藏族自治州祿曲縣）。

121. **秋措**（ཕྱུག་མཚོ，Chugtso），女，20歲，母親。2013年4月16日自焚，犧牲。安多壤塘（今四川省阿壩藏族羌族自治州壤塘縣）。

122. **洛桑達瓦**（བློ་བཟང་ཟླ་བ，Lobsang Dawa)，男，20歲，僧人。2013年4月24日自焚，犧牲。安多左格（今四川省阿壩藏族羌族自治州若爾蓋縣）。

123. **貢確維色**（དཀོན་མཆོག་འོད་ཟེར，Kunchok Woeser)，男，23歲，僧人。2013年4月24日自焚，犧牲。安多左格（今四川省阿壩藏族羌族自治州若爾蓋縣）。

124. **丹增西熱**（旦增西然，བསྟན་འཛིན་ཤེས་རབ，Tenzin Sherab），男，31歲，牧民，父親。2013年5月27日自焚，犧牲。康曲麻萊（今青海省玉樹藏族自治州曲麻萊縣）。

125. **旺欽卓瑪**（དབང་ཆེན་སྒྲོལ་མ，Wangchen Dolma），女，31歲，尼師。2013年6月11日自焚，犧牲。康道塢（今四川省甘孜藏族自治州道孚縣）。

126. **貢確索南**（དཀོན་མཆོག་བསོད་ནམས，Kunchok Sonam），男，18歲，僧人。2013年7月20日自焚，犧牲。安多左格（今四川省阿壩藏族羌族自治州若爾蓋縣）。

127. **嘎瑪俄頓嘉措**（ཀརྨ་དངོས་གྲུབ་རྒྱ་མཚོ，Karma Nyedon Gyatso），男，39歲，僧人。2013年8月6日自焚，犧牲。博納佛塔，加德滿都，尼泊爾。

128. **西瓊**（ཤེ་ཆུང，Shichung），男，41歲，牧民，父親。2013年9月28日自焚，犧牲。安多阿壩（今四川省阿壩藏族羌族自治州阿壩縣）。

129. **才讓傑**（ཚེ་རིང་རྒྱལ，Tsering Gyal），男，20歲，僧人。2013年11月11日自焚，犧牲。安多班瑪（今青海省果洛藏族自治州班瑪縣）。

130. **貢確才旦**（དཀོན་མཆོག་ཚེ་བརྟན，Konchok Tseten），男，30歲，牧民，父親。2013年12月3日自焚，犧牲。安多阿壩（今四川省阿壩藏族羌族自治州阿壩縣）。

131. **次成嘉措**（ཚུལ་ཁྲིམས་རྒྱ་མཚོ，Tsultrim Gyatso），男，42歲，僧人。2013年12月19日自焚，犧牲。安多桑曲（今甘肅省甘南藏族自治州夏河縣）。

132. **彭毛三智**（འཕགས་མོ་བསམ་འགྲུབ，Phagmo Samdub），男，27歲，牧民，父親。2014年2月5日自焚，犧牲。安多澤庫（今青海省黃南藏族自治州澤庫縣）。

133. **洛桑多傑**（བློ་བཟང་རྡོ་རྗེ，Lobsang Dorjee），男，25歲，洗車店店主，曾為僧人。2014年2月13日自焚，犧牲。安多阿壩（今四川省阿壩藏族羌族自治州阿壩縣）。

134. **久美旦真**（འཇིགས་མེད་བསྟན་འཛིན，Jigme Tenzin），男，29歲，僧人。2014年3月16日自焚，犧牲。安多澤庫（今青海省黃南藏族自治州澤庫縣）。

135. **洛桑華旦**（བློ་བཟང་དཔལ་ལྡན，Lobsang Palden），男，23歲，僧人。2014年3月16日自焚，犧牲。安多阿壩（今四川省阿壩藏族羌族自治州阿壩縣）。

136. **卓瑪**（སྒྲོལ་མ，Dolma），女，31歲，尼師。2014年3月29日自焚，受傷，下落不明。康巴塘（今四川省甘孜藏族自治州巴塘縣）。

137. **赤勒朗加**（འཕྲིན་ལས་རྣམ་རྒྱལ，Tinley Namgyal），男，32歲，農民。2014年4月15日自焚，犧牲。康道塢（今四川省甘孜藏族自治州道孚縣）。

138. **貢覺**（དཀོན་མཆོག，Kunchok），男，42歲，牧民。2014年9月16日自焚，受傷。安多果洛（今青海省果洛藏族自治州甘德縣）。

139. **拉莫扎西**（ལྷ་མོ་བཀྲ་ཤིས，Lhamo Tashi），男，22歲，學生。2014年9月17日自焚，犧牲。安多黑措（今甘肅省甘南藏族自治州合作市）。

140. **桑傑卡**（སངས་རྒྱས་མཁར，Sangye Khar），男，34歲，牧民，父親。2014年12月16日自焚，犧牲。安多桑曲（今甘肅省甘南藏族自治州夏河縣）。

141. **才讓卓瑪**（才白，ཚེ་རིང་སྒྲོལ་མ，Tsering Dolma），女，19歲，牧民。2014年12月22日自焚，犧牲。安多阿壩（今四川省阿壩藏族羌族自治州阿壩縣）。

142. **格絨益西**（སྐལ་བཟང་ཡེ་ཤེས，KelsangYeshi），男，37歲，僧人。2014年12月23日自焚，犧牲。康道塢（今四川省甘孜藏族自治州道孚縣）。

附錄二
藏人自焚抗議概況

　　從二〇〇九年二月二十七日至二〇一四年十二月二十三日，在境內藏地有一百三十五位藏人自焚，在境外有五位流亡藏人自焚，共一百三十七位藏人自焚，包括二十一位女性。其中，我們所知道的，已有一百一十九人犧牲，包括境內藏地一百一十六人、境外三人。

目前找到並已經披露的有五十二位自焚藏人（境內四十九人、境外三人；包括兩位傷者、四十六位犧牲者、四位生死不明者）專門留下的遺言，寫下的遺書或錄音的遺囑，這都是至為寶貴的證據。而每位自焚藏人，在自焚之時發出的心聲是最響亮的遺言，包括「讓尊者達賴喇嘛回到西藏」、「祈願尊者達賴喇嘛永久住世」、「西藏要自由」、「西藏獨立」、「民族平等」、「語言平等」等等。

一、自焚時間以及自焚地點

二○○九年一起自焚：

二月二十七日——四川省阿壩藏族羌族自治州阿壩縣發生第一起。

二○一一年十四起自焚（境內藏地十二起、境外兩起）：

三月一起 ── 四川省阿壩藏族羌族自治州阿壩縣一起。

八月一起 ── 四川省甘孜藏族自治州道孚縣一起。

九月兩起 ── 四川省阿壩藏族羌族自治州阿壩縣兩起。

十月六起 ── 四川省阿壩藏族羌族自治州阿壩縣五起；四川省甘孜藏族自治州甘孜縣一起。

十一月三起 ── 四川省甘孜藏族自治州道孚縣一起；印度新德里一起；尼泊爾加德滿都一起。

十二月一起 ── 西藏自治區昌都地區昌都縣一起。

二〇一二年一至十二月八十六起自焚（境內藏地八十五起、境外一起）：

一月四起 ── 四川省阿壩藏族羌族自治州阿壩縣三起；青海省果洛藏族自治州達日縣一起。

二月六起 ── 四川省阿壩藏族羌族自治州阿壩縣三

洛薩（藏曆新年）心願

今天，當此圖伯特新年洛薩之際，
我將所有美好的祝願，
獻給我所有的圖伯特朋友和家庭。
我的心和那些為了爭取自由，
而獻出自己寶貴生命的人們，
永遠在一起。
祈願和平、友愛、幸福和自由，
迅捷如光遍布雪域圖伯特。

起；青海省玉樹藏族自治州稱多縣一起；青海省海西蒙古族藏族自治州天峻縣一起；四川省阿壩藏族羌族自治州壤塘縣一起。

三月十一起——甘肅省甘南藏族自治州瑪曲縣一起；四川省阿壩藏族羌族自治州阿壩縣五起；青海省黃南藏族自治州同仁縣兩起；四川省阿壩藏族羌族自治州馬爾康縣兩起；境外印度新德里一起。

四月四起——四川省甘孜藏族自治州康定縣兩起；四川省阿壩藏族羌族自治州壤塘縣兩起。

五月三起——拉薩大昭寺前兩起；四川省阿壩藏族羌族自治州壤塘縣一起。

六月四起——青海省黃南藏族自治州尖扎縣一起；青海省玉樹藏族自治州稱多縣兩起；青海省玉樹藏族自治州玉樹縣一起。

七月兩起——西藏自治區拉薩市當雄縣一起；四川省阿壩藏族羌族自治州馬爾康縣一起。

八月七起——四川省阿壩藏族羌族自治州阿壩縣六

起；甘肅省甘南藏族自治州州府合作市一起。

九月兩起——北京住房和城鄉建設部（即住建部）門口一起；青海省玉樹藏族自治州稱多縣一起。

十月十起——西藏自治區那曲地區那曲縣一起；甘肅省甘南藏族自治州合作市兩起；甘肅省甘南藏族自治州夏河縣五起；西藏自治區那曲地區比如縣兩起。

十一月二十八起——青海省黃南藏族自治州同仁縣九起、澤庫縣三起；青海省海東地區循化縣一起；四川省阿壩藏族羌族自治州阿壩縣三起、若爾蓋縣兩起；四川省甘孜藏族自治州色達縣一起；西藏自治區那曲地區比如縣一起；甘肅省甘南藏族自治州合作市兩起、夏河縣三起、祿曲縣三起。

十二月五起——甘肅省甘南藏族自治州夏河縣一起、祿曲縣一起；青海省果洛藏族自治州班瑪縣一起；四川省阿壩藏族羌族自治州若爾蓋縣一起；青海省黃南藏族自治州澤庫縣一起。

二〇一三年一至十二月二十八起自焚（境內藏地二十六起、境外兩起）：

一月三起——甘肅省甘南藏族自治州夏河縣兩起；四川省阿壩藏族羌族自治州紅原縣一起。

二月九起——四川省阿壩藏族羌族自治州阿壩縣一起；甘肅省甘南藏族自治州夏河縣兩起；尼泊爾加德滿都一起；四川省阿壩藏族羌族自治州若爾蓋縣三起；青海省海東地區化隆回族自治縣一起；甘肅省甘南藏族自治州祿曲縣一起。

三月五起——四川省阿壩藏族羌族自治州若爾蓋縣一起、阿壩縣一起、壤塘縣一起；甘肅省甘南藏族自治州夏河縣一起、祿曲縣一起。

四月三起——四川省阿壩藏族羌族自治州壤塘縣一起、若爾蓋縣兩起。

五月一起——青海省玉樹藏族自治州曲麻萊縣一起。

六月一起——四川省甘孜藏族自治州道孚縣一起。

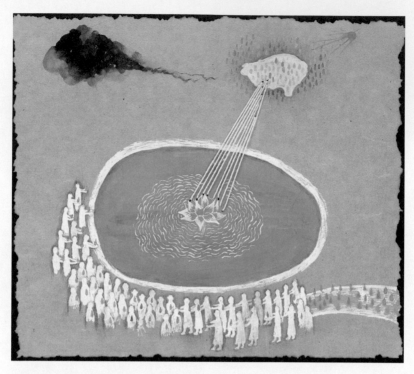

嘛呢東廓 *——蓮花湖邊的守夜祈禱，二〇一二年十一月二十六日

昨夜，為了圖伯特高原上那些浴火的靈魂，我們在蓮花湖邊繞行。同行者有很多圖伯特老人，還有很多年輕人和僧人，以及像我這樣的外國人。我們希望你們和那些活著的人們，能一直聽到我們的祈禱，能一直看到我們的燭光。

* 嘛呢東廓（博語），意即順時針繞行，手持蠟燭念送祈禱。

七月一起——四川省阿壩藏族羌族自治州若爾蓋縣一起。

八月一起——尼泊爾加德滿都一起。

九月一起——四川省阿壩藏族羌族自治州阿壩縣一起。

十一月一起——青海省果洛藏族自治州班瑪縣一起。

十二月兩起——四川省阿壩藏族羌族自治州阿壩縣一起；甘肅省甘南藏族自治州夏河縣一起。

二〇一四年二至十二月十一起自焚（境內藏地十一起）：

二月兩起——青海省黃南藏族自治州澤庫縣一起；四川省阿壩藏族羌族自治州阿壩縣一起。

三月三起——青海省黃南藏族自治州澤庫縣一起；四川省阿壩藏族羌族自治州阿壩縣一起；四川省甘孜藏族自治州巴塘縣一起。

四月一起——四川省甘孜藏族自治州道孚縣一起。

九月兩起——青海省果洛藏族自治州甘德縣一起；甘肅省甘南藏族自治州合作市一起。

十二月三起——甘肅省甘南藏族自治州夏河縣一起，四川省阿壩藏族羌族自治州阿壩縣一起，四川省甘孜藏族自治州道孚縣一起。

二、自焚者籍貫

包括五位流亡藏人的籍貫，其中四位原籍在境內康地和安多，在以下記錄之內；另一位出生在印度流亡藏人社區的，不在以下記錄之內。

按照圖伯特傳統地理即一百三十七人：安多一百零七人，康區二十四人，嘉戎二人，羌塘二人，衛藏一人。而安多藏區中，安多阿壩（阿壩縣）自焚藏人最多，為三十七人；其次是安朵桑曲（夏河縣）十八人和安多熱貢（同仁縣）十一人，以及安多左格（若爾蓋縣）九人。

其籍貫按照今中國行政區劃，即一百三十九人——

四川省藏區六十九人：阿壩州阿壩縣三十七人，壤塘縣六人，馬爾康縣三人，若爾蓋縣九人，紅原縣一人；甘孜州甘孜縣兩人，道孚縣六人，康定縣兩人，色達縣兩人，巴塘縣一人；

甘肅省藏區三十一人：甘南州瑪曲縣兩人，夏河縣十八人，合作市五人，祿曲縣六人；

青海省藏區三十人：果洛州甘德縣兩人，班瑪縣兩人；玉樹州稱多縣兩人，玉樹縣兩人，曲麻萊縣一人；海西州天峻縣一人；黃南州同仁縣十一人，尖扎縣一人，澤庫縣六人；海東地區循化縣一人，海東地區化隆縣一人；

西藏自治區九人：昌都地區昌都縣兩人；日喀則地區聶拉木縣一人；拉薩市當雄縣兩人；那曲地區比如縣四人。

三、自焚者性別、年齡及身分

男性一百一十九人，女性二十一人。其中有二十六位父親、十位母親，遺下未成年的孩子。

最年長的六十四歲、最年輕的十六歲。大多數是青壯年，平均年齡約二十七歲。

僧尼：三位高階僧侶（Rinpoche，朱古），三十八位普通僧侶，七位尼師，共計四十八位僧尼，涉及藏傳佛教格魯派、寧瑪派、薩迦派、覺囊派，以格魯派僧尼居多。

農牧民：七十位牧民和農民，大多數是牧民；其中十位牧民曾是僧人，遭當局工作組驅逐出寺；四人曾是僧人，屬自己還俗離寺。其中一位自焚犧牲的農民，原為藏傳佛教噶舉派寺院僧人；七位自焚犧牲的牧民，屬藏傳佛教覺囊派所在地區。一位自焚犧牲的牧民，是著名的貢唐倉仁波切的外祖父。

其他：兩位女中學生；四位男學生；三位在拉薩、康區或青海某地的打工者；四位商販；一位木匠；一位網路作家；一位唐卡畫師；一位計程車司機；一位中共黨員退休幹部；一位護林員；一位洗車店店主。可以說，涉及藏人社會的多個階層，其中這三個群體值得關注：僧侶、牧民、學生。

還有兩位流亡藏人是社會活動人士。

四、自焚者狀況

一百四十位自焚的境內、境外藏人中，已知一百一十九人犧牲（境內一百一十六人，境外三人），其中八十六人當場犧牲（一人在尼泊爾自焚當場犧牲），三十一人被軍警強行帶走之後身亡（一人被送往尼泊爾加德滿都醫院重傷不治而亡），一人被送往印度新德里醫院重傷不治而亡，一人（即隆務寺僧人加央華旦）在寺院治療六個多月後絕食犧牲。

另有十五人被軍警強行帶走之後，有十三人情況不明。其中六人，在中國中央電視台於二〇一二年五月、十二月和二〇一三年二月和五月播的官方宣傳片中，有在醫院治療的鏡頭，但並未回到寺院或家中，如同人間蒸發，更多情況不明，他們是：

二〇〇九年二月二十七日自焚的格爾登寺僧人扎白；

二〇一一年九月二十六日自焚的格爾登寺僧人洛桑格桑（尕爾讓）和洛桑貢確（貢確旦巴）；

二〇一一年十月三日自焚的格爾登寺僧人格桑旺久（尕爾讓旺修）；

二〇一二年十一月七日自焚的阿壩俄休寺僧人桑珠和多吉嘉。

其中被軍警強行帶走的七人至今下落不明、生死未卜。他們是：

二〇一二年二月十三日自焚的阿壩格爾登寺僧人洛桑嘉措；

二〇一二年五月二十七日自焚、在拉薩打工的阿壩人達吉；

二〇一二年六月二十七日自焚的玉樹婦女德吉曲宗；

二〇一二年九月二十九日自焚的昌都嘎瑪區農民永仲；

二〇一二年十月二十五日自焚的那曲比如小生意人丹
增；

二〇一二年十一月二十六日自焚的色達學生旺嘉；

二〇一三年二月二十五日自焚的阿壩德普寺僧人桑
達。

其中被軍警強行帶走的一人，即二〇一二年十二月
二日自焚的甘肅省甘南州夏河縣博拉鄉牧民松底嘉，據報
導，他於二〇一四年十一月二十三日被軍警遣回家中，雙
腿被截肢，遭警方嚴密監控。但目前狀況不明。

其中被軍警強行帶走的一人，即二〇一二年二月八
日自焚的青海省玉樹州稱多縣拉布寺僧人索南熱央，據報
導，他於數月後被軍警遣回稱多縣拉布鄉的家中，雙腿被
截肢，遭警方嚴密監控。但目前狀況不明。

二〇一四年三月二十九日自焚的四川省甘孜州巴塘縣
尼師卓瑪的情況不明。

兩位境外的流亡藏人在自焚後獲得救治，已傷癒。

獻給二〇一二年十月二十六日自焚的拉毛才旦

「十月二十六日，中國安全部隊和武警當即趕到自焚地點，但是當地民眾即圍攏在拉毛才旦的遺體周圍，防止中國軍隊搶走遺體。」（來自 Phayul.com 的消息）

註：一、這是第二幅關於拉毛才旦的畫（前一幅是和圖旺嘉一起的）。
　　　當我看到「故鄉網」的消息時，我忍不住畫下這一幅。
　　二、我們得到的他和他妻子的照片讓我非常心痛。他坦率而純淨的
　　　眼神……我將這幅照片放在我的畫桌上，想像著他和他留在身
　　　後的妻子。

境內藏人甘孜寺僧人達瓦次仁自焚後，先是被僧俗藏人送到醫院，出於擔心自焚者被軍警從醫院強行帶走、一去不歸，後又從醫院接回寺院，由藏人們自己照顧、救治。據悉，目前達瓦次仁在艱難恢復中，但落下殘疾、生活困難。

境內藏人玉樹退休幹部巴桑拉毛自焚之後，在醫院治療，目前狀況不明。

五、自焚者名單

（一）一百三十五位境內自焚藏人：

二〇〇九年（一人）——扎白。

二〇一一年（十二人）——彭措、次旺諾布、洛桑格桑、洛桑貢確、格桑旺久、卡央、曲培、諾布占堆、丹增旺姆、達瓦次仁、班丹曲措、丁增朋措。

二〇一二年（八十五人）——達尼、次成、索巴仁波

切、洛桑嘉央、索南熱央、仁增多傑、丹真曲宗、洛桑嘉措、丹曲桑波、朗卓、才讓吉、仁欽、多傑、格貝、加央華旦、洛桑次成、索南達傑、洛桑西繞、其美班旦、丹巴達傑、朱古圖登念扎、阿澤、曲帕嘉、索南、托傑才旦、達吉、日玖、旦正塔、丹增克珠、阿旺諾培、德吉曲宗、次旺多傑、洛桑洛增、洛桑次成、卓尕措、覺巴、隆多、扎西、洛桑格桑、旦木曲、巴桑拉毛、永仲、古珠、桑吉堅措、丹增多傑、拉莫嘉、頓珠、多傑仁欽、澤博、丹增、拉毛才旦、圖旺嘉、多吉楞珠、丹珍措、多傑、桑珠、多吉嘉、才加、格桑金巴、貢保才讓、寧尕扎西、寧吉本、卡本加、當增卓瑪、久毛吉、桑達次仁、旺青諾布、才讓東周、魯布嘉、丹知傑、達政、桑傑卓瑪、旺嘉、關曲才讓、貢保才讓、格桑傑、桑傑扎西、萬代科、才讓南加、育確傑、松底嘉、洛尕悄豈、旦壋多傑、貢確佩傑、班欽吉。

二〇一三年（二十六人）──才讓扎西、珠確、貢去乎傑布、洛桑朗傑、珠巴卡、南拉才讓、仁青、索南達傑、彭毛頓珠、桑達、才松加、貢確旺姆、洛桑妥美、格吉、

拉毛傑、貢確丹增、秋措、洛桑達瓦、貢確維色、丹增西熱、旺欽卓瑪、貢確索南、西瓊、才讓傑、貢確才旦、次成嘉措。

二○一四年（十一人）——彭毛三智、洛桑多傑、久美旦真、洛桑華旦、卓瑪、赤勒朗加、貢覺、拉莫扎西、桑傑卡、才讓卓瑪、格絨益西。

（二）五位流亡自焚藏人：

二○一一年（兩人）——西繞次多、博楚。

二○一二年（一人）——江白益西。

二○一三年（兩人）——竹欽澤仁、嘎瑪俄頓嘉措。

（另，在二○○九年之前自焚的，還有一九九八年自焚犧牲的流亡藏人圖丹歐珠、二○○六年自焚受傷的流亡藏人拉巴次仁。）

補充

一、中共當局在全藏地頒布「反自焚專項鬥爭實施方案」、「關於反自焚工作暫行規定的通告」，強調「哪裡發生自焚案件就對哪裡進行『嚴打』整治」，即對自焚者家人、親屬、所在鄉村及寺院等進行連坐。並且，嚴密封鎖自焚消息，以防外洩，嚴厲打擊外傳自焚消息者，以及對自焚者親友或所在地軟硬兼施，令其閉口或編造虛假資訊等等。在這種高壓下，已經出現多起自焚事件在發生後數日、甚至數十日才艱難傳出的情況，還出現以下各種情況，包括：自焚者家人因遭威脅而不敢承認自焚實情；西藏自治區高官矢口否認本藏區已有數起自焚發生；流亡西藏政府與民間方面在統計自焚藏人人數上不一致。更為嚴重的是，極有可能的情況是，全藏地及境外的自焚事件可能不只以上所記錄的一百四十起，可能有被當局動用一切力量竭力掩蓋的自焚事件已經發生，外界卻不得而知。並且，僅依據目前所報導的（包括境外涉藏媒體和組織報導的，以及中國官方媒體如CCTV、新華社、新華網報導的）

案例，至少有五十多起與五十多位自焚者相關的案例，其中至少有兩百、甚至更多的藏人因此被拘捕、被判刑，最高刑期是死刑（二〇一三年三月十三日自焚犧牲的四川省阿壩藏族羌族自治州若爾蓋婦女貢確旺姆的丈夫卓瑪甲，被阿壩州中級法院以「故意殺人罪」判處死刑），最低也是一或兩年，更多的是數年重刑，但一定還有未被報導的連坐案例已經發生。

二、七位試圖自焚或自焚未成的藏人：是境內藏地的成列、多吉熱丹、卓瑪傑、久謝傑；其中多吉熱丹在異地蹊蹺身亡，久謝傑服毒自焚時毒發身亡；而成列與卓瑪傑均被捕，目前情況不明。還有在印度的流亡藏人隆日多傑、次成多傑、達瓦頓珠。

三、二〇一三年三月底，從康結古多（青海省玉樹藏族自治州玉樹縣結古鎮），傳出一名藏人婦女因抗議當局強拆其房屋而自焚受傷的消息，十月底時方才被證實，名叫貢覺措姆，四十歲，是結古鎮桑則（音譯）村人，之後從醫院返回家中。但這一事件因不詳及很遲傳出，未計入二〇〇九年以來藏人自焚抗議的紀錄中。

附錄三
自焚藏人遺言

　　目前找到並已經披露的，有五十二位自焚藏人（境內四十九人，境外三人；包括兩位傷者、四十六位犧牲者、四人生死不明）專門留下的遺言、寫下的遺書或錄音的遺囑，這都是至為寶貴的證據。而每位自焚藏人，在自焚之時發出的心聲是最響亮的遺言，包括「讓尊者達賴喇嘛回

到西藏」、「祈願尊者達賴喇嘛永久住世」、「西藏要自由」、「西藏獨立」、「民族平等」、「語言平等」等等。

以下是我整理的五十二位自焚藏人留下的遺言、寫下的遺書或錄音的遺囑：

1. 二○○九年二月二十七日自焚、生死不明的阿壩格爾登寺僧人扎白（ཁ་སྦེ།，Tapey）在自焚前寫下的遺書：

如果政府禁止（追悼二○○八年遇難者的）宗教儀式，我會自殺。

2. 二○一一年三月十六日自焚犧牲的阿壩格爾登寺僧人彭措（བློ་བཟང་ཕུན་ཚོགས།，Lobsang Phuntsok）在自焚前對朋友說：

我無法繼續忍受心中的痛苦，二○一一年三月十六日

二〇〇九年二月二十七日自焚、生死不明的阿壩格爾登寺僧人扎白。

我將向世人表現一點跡象。

他在筆記本上的一段話：「運氣和信心是勝利，失望和疑慮是失敗。」

3. 二〇一一年十月七日自焚犧牲的阿壩牧民曲培（ཆོས་འཕེལ，Choephel）在自焚後留下遺言：

不計其數的軍警管制藏人，隨意拘捕和騷擾藏人，使自己和很多藏人非常難受，已經有很多僧人為此獻出寶貴的生命，因此也選擇自焚。

4. 二〇一一年十月七日自焚犧牲的阿壩牧民卡央（སྐལ་བཟང་དབྱངས།，Khayang）在自焚後對親人說：

自己能夠為西藏民族獻身而感到心滿意足，絕不後悔，因此，大家不要為我難過。

5. 二〇一一年十一月四日自焚受傷的流亡藏人西繞次多（ གེས་རབ་ཚེ་རྫོར ，Sherab Tsedor）在自焚前，在一次新聞發布集會上，呼籲印度政府及國際社會關注西藏問題：

我們在死亡，對於熱愛自由的人們而言，聲援我們是道德責任。我請求國際上的領袖們和熱愛和平的人們，幫助解決西藏問題！

6. 二〇一一年十二月一日自焚犧牲的昌都農民丁增朋措（ བསྟན་འཛིན་ཕུན་ཚོགས ，Tenzin Phuntsok）在自焚前留下四份遺書：

遺書之一

信封上寫著：請張貼到葛瑪寺的大門上。

信中內容：

面對繼承和弘揚純正無誤的藏傳佛教之葛瑪寺堪布洛珠繞色、朗色索朗和全體僧侶遭受抓捕、毆打——我寧願

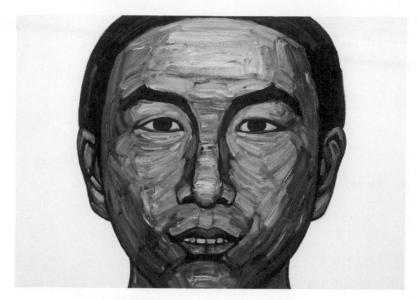

二〇一一年十二月一日自焚犧牲的昌都農民丁增朋措。

為我們噶瑪寺的堪布和僧侶們的痛苦去赴死。

——持尊嚴者丁增朋措

遺書之二

同胞們，勿要失望！勿要怯懦！自他交換的道友們，請為持佛法的兩位堪布和僧人們想一想，我們怎能相信一個不允許我們信仰宗教的政府？

——丁增朋措

遺書之三

噶瑪寺的同胞兄弟們：

想到堪布和僧人們的處境，我們坐在這裡擔憂有什麼用？起來吧！

利養恭敬八法與榮譽，如野鹿遠遠躲避獵人。

向世間法無法欺騙之、大徹大悟的佛祖頂禮！

——充滿痛苦的丁增朋措

遺書之四

想到整個西藏和今年噶瑪寺的苦難，我無法繼續活下去空等。

7. 二〇一二年一月八日自焚犧牲的果洛索巴仁波切（ས་ར་ས་བསོད་ནམ། བསོད་ནམ་ཐུ་རིན་པོ་ཆེ།，Sonam Tuljee）在自焚前錄音遺囑：

國內外六百萬藏人兄弟姐妹們，在此，我向為藏人的自由而犧牲的以圖丹歐珠為主的英雄們、為六百萬藏人的團聚和藏地的幸福而獻出寶貴生命的英雄兒女們，表示無比的感謝和欽佩。我已經四十多歲，一直沒有勇氣像你們那樣做，以致苟活到今天。所幸的是，我也努力地為藏文化的大五明及小五明的弘揚做了一些貢獻。

在二十一世紀尤其今年，是雪域的許多英雄兒女獻出寶貴生命的一年，我也願貢獻自己的血肉來表示支持和敬意。我的犧牲不是為了顯示自己有多麼偉大，我誠心誠意地懺悔所犯三昧耶戒以及一切罪業，特別是金剛密乘的誓

言戒——不允許對自身的虐待和犧牲，我在此虔誠懺悔。

　　一切眾生未有不曾做過我們的父母，無邊的眾生由於業際顛倒，做下了不可饒恕的罪業，我誠心誠意地為他們清淨業障。並且我發願，希望遍法界的一切眾生，乃至如蝨子等一切微小眾生，臨終時未有恐懼，不受痛苦，往生無量光佛的身邊，獲得圓滿正等正覺的果位。因此我願供養自己的壽命和身體。也為了人天導師尊者達賴喇嘛丹增嘉措為主的所有高僧大德長久住世，而把我的壽命、身體化作曼扎供奉給他們。

　　　　諸香塗地繽紛雨妙花，

　　　　嚴飾須彌四洲並日月，

　　　　觀想變現供養諸佛剎，

　　　　修習願這諸佛清淨剎。

　　　　（譯註：以上是曼扎偈）

　　自他身語意三世善法、珠寶、妙善、曼扎、普賢諸雲

供意幻供養上師三寶尊，慈悲攝受賜予我加持：「俄當，
格熱，然那曼扎拉，康呢爾亞，答亞麼。」（譯註：此為
曼扎偈咒語）

再次說明，我做出這一行為，絕無貪圖名譽、恭敬、
愛戴等自私自利的心態，而是清淨的，虔誠的，如佛陀當
年捨身飼虎一般，其他犧牲的藏人同胞也是如我一般，為
了真理和自由而捨生取義。

事實上臨終之際，若有嗔恨心很難得解脫，因此我希
望我能做他們的引導者，願以此供養的功德和力量，使一
切眾生未來獲得究竟佛的果位；並為國內、外諸多高僧大
德長久住世，尤其希望尊者達賴喇嘛丹增嘉措為了雪域政
教永世長存：

雪山綿延環繞的淨土，
一切利樂事業之緣源，
丹增嘉措慈悲觀世音，
願其足蓮恆久住百劫。

（願事業如日中天。）

（譯註：此為尊者達賴喇嘛的長壽祈請文）

願惡緣毀壞教法者，

業際顛倒有形無形，

思想行為入惡劣者，

三寶諦實加持永斷除。

（譯註：此為尊者達賴喇嘛所著的雪域祈禱文）

（願此等善法等兩偈，略）

殊勝之最發願王，

利益無邊諸眾生，

圓滿普賢行願力

三惡道眾盡解脫。

達雅塔，班贊哲雅阿瓦波達呢耶所哈。（成就所願咒，

念誦了三遍）

二〇一二年一月八日自焚犧牲的果洛索巴仁波切。

呀！諸多的金剛道友和各地的信徒們，大家要團結一致，同心協力，為雪域藏人未來的自由，為藏地真正成為我們自己的家園，為這樣的曙光，大家要團結一致，為了這個共同目標而奮鬥，這也是所有獻出寶貴生命的英雄們的心願，因此無利益的一切行徑必須要放棄，比如那些為了爭奪草山而自相爭鬥等。

年輕的藏人要努力、勤奮地學習十明等藏人的文化及理論知識，年老的藏人也要把自己的身口意融入到善法之中，大家要共同弘揚和發展我們民族傳統的文化、語言、文字、風俗習慣等，大家都要力所能及地，為了藏人的幸福和一切眾生暫時獲得世間圓滿以至究竟獲得佛的果位而多做善事，這非常重要，祝願大家吉祥如意！

我還要告訴我的家人和親朋好友、×××（譯註：提到一個名字但聽下清楚）：我身無分文，我的一切財產早已布施在佛法方面，請你們不要說這裡有我的財產、那裡有我的財產，或者這裡那裡有我的東西。我什麼都沒有，我的兄弟姐妹、親戚朋友和施主們請記住這一點。還有，

希望我做擔保的一些鄉親、喇嘛、朱古的物品，你們要按約定的時間如數交還。

自他三世一切善法回向給一切眾生等，特別是在地獄等三惡趣的眾生。

（殊勝之最發願王等一偈，略）

（此生三世一切功德一偈，略）

最後，國內外的所有法友們，請你們不要難過，請你們為善知識們祈禱，乃至菩提間我們未有離別。依怙我的老人們和百姓們也請如是發願，無論快樂與痛苦、好與壞、喜與悲，我們都要依靠上師三寶，除了三寶再沒有依靠處，請你們不要忘記，扎西德勒！

索巴朱古還寫了很多傳單，張貼在縣城或留在屋裡，清楚表白：「自己是為了紀念二○○九年以來自焚的藏人，為了民族的自由和宗教信仰的自由，為了人身自由、行動

自由和言論自由而自焚的，絕不是為了個人的利益而自焚。藏人們要為嘉瓦仁波切（尊者達賴喇嘛）長久住世，要為西藏自由的未來團結、努力，不分教派，不分地區，不要失去信心，終究會有幸福的一天。」「藏人們不要去漢族飯館吃飯，不要買漢人商店的東西，要支持藏人自己的經濟。藏人們不要過農曆新年春節，要使用藏曆的曆算。藏人們要團結，不分教派，不分地區。」

8. 二〇一二年二月十九日自焚犧牲的壤塘牧民朗卓（ཟུང་གྲོལ，Nangdrol）在自焚前寫下遺書：

昂起你堅強的頭，為朗卓之尊嚴。

我那厚恩的父母、親愛的兄弟及親屬，我即將要離世。

為恩惠無量的藏人，我將點燃軀體。

藏民族的兒女們，我的希望就是，你們要團結一致。

若你是藏人要穿藏裝，並要講藏語，勿忘自己是藏人；

二〇一二年二月十九日自焚、數月後犧牲的壞塘牧民朗卓。

若是藏人要有慈悲之心，要愛戴父母，要民族團結，要憐憫旁生，珍惜動物生命。

祈願嘉瓦丹增嘉措永久住世。

祈願雪域西藏的高僧大德們永久住世。

祈願藏民族脫離漢魔。在漢人魔掌下藏人非常痛苦，這痛苦難以忍受。

此漢魔強占藏地，此漢魔強抓藏人，無法在其惡法下續留，無法容忍沒有傷痕的折磨。

此漢魔無慈悲心，殘害藏人生命。

祈願嘉瓦丹增嘉措永久住世！

9. 二〇一二年三月三日自焚犧牲的瑪曲女中學生才讓吉（ཚེ་རིང་སྐྱིད།，Tsering Kyi）在自焚前留下遺言：

沒有人可以像這樣繼續生活下去。

我們應該做些什麼，如果不能為西藏做些事，我們的生命毫無意義。

10. 二〇一二年三月十四日自焚後犧牲的熱貢隆務寺僧人加央華旦（ འཇམ་དབྱངས་དཔལ་ལྡན ，Jamyang Palden）在自焚前對經師說：

今天是三月十四日，我要為六百萬藏人獻上一個祈福。

11. 二〇一二年三月十七日自焚犧牲的熱貢農民索南達傑（ བསོད་ནམས་དར་རྒྱས ，Sonam Dhargye）在自焚前留下遺言：

為了西藏民族而進行這麼偉大的運動實在是非常震撼。

12. 二〇一二年三月二十六日自焚犧牲的流亡藏人江白益西（ འཇམ་དཔལ་ཡེ་ཤེས ，Jamphel Yeshi）在自焚前寫下遺書：

第一，祝願世界和平導師達賴喇嘛尊者萬歲，希望能

二〇一二年三月二十六日自焚犧牲的流亡藏人江白益西。

夠迎請達賴喇嘛尊者返回西藏，堅信境內外同胞早日團聚在雪域西藏，並在布達拉宮前齊聲高唱西藏國歌；

第二，同胞們，為未來的幸福和前景，我們要有尊嚴和骨氣。尊嚴是一個民族的靈魂，是尋找正義的勇氣，更是未來幸福的嚮導。同胞們，尋求與全球民眾同等的幸福，必須要牢記尊嚴，大事小事都要付出努力，總而言之，尊嚴是辨別是非的智慧；

第三，自由是所有生命物的幸福所在，失去自由，像是在風中的酥油燈，像是六百萬藏人的趨向，如果三區藏人能夠團結力量，必會取得成果，請不要失去信心；

第四，本人所講的是六百萬西藏人民的問題。在民族鬥爭中，若有財富，現在就是該使用的時候，若有學識，就是該付出力量的緊張時刻，更覺得現在正是該犧牲生命的時候。在二十一世紀中，用火點燃珍貴的人生，主要是向全球民眾證實六百萬藏人的苦難、無人權及無公平的處境。如果有憐憫和慈心，就請關注弱小藏人的處境；

第五，我們要有使用傳統宗教、文化和語言的基本自

由，要有基本人權，希望全世界人民能夠支援我們。藏人是西藏的主人，西藏必勝！

——道孚·江白益西

（右上方則留下遺囑的日期為二〇一二年三月十六日）

13. 二〇一二年四月六日自焚犧牲的康達折多朱古圖登念扎（སྤྲུལ་སྐུ་ཐུབ་བསྟན་སྙན་གྲགས།，Thubten Nyandak）在自焚前給家人打電話留下遺言：

今天是藏曆十五號，我為那些為藏民族的政教事業捨棄自己生命的英雄兒女們點燃了很多酥油燈，我也要在今天讓心靈積累偉大的福田。

14、15. 二〇一二年四月十九日自焚犧牲的壤塘學生曲帕嘉（ཆོས་འཕགས་སྐྱབས།，Choephak Kyab）和索南（བསོད་ནམས།，

Sonam）在自焚前用手機錄音了遺囑：

藏民族是有著與眾不同的宗教和文化、慈悲和善良、有利他之心的民族，但是，藏民族受到中國的侵略、鎮壓和欺騙。我們是為了藏民族沒有基本人權的痛苦和實現世界和平而點火自焚的，我們藏民族沒有最基本人權的痛苦，比我倆自焚的痛苦還要大。

在這世上最厚恩的父母和家人和深愛的兄弟姐妹們，我倆不是沒有考慮你們的感受，和你們生死別離是遲早的事，也不是不珍惜自己的生命。而是我倆志同道合地為了藏民族得到自由、佛法昌盛和眾生能夠獲得幸福，以及世界和平而點火自焚的。

但是你們要按照我倆的遺願行事。如果我倆落入漢人的手中，你們不要做任何無畏的犧牲，我倆不願任何人為此而受到傷害，如能這樣則是我倆的心願。如果你們為了我倆而傷心，那就聽從學者和上師大德的話，學習文化不要迷途，對本族要情同手足，要努力學習本民族的文化，

並團結一致，如能這樣則是我倆的心願，按照遺願行事是我倆由衷的願望。

16. 二〇一二年五月三十日自焚犧牲的壞塘牧婦日玖（རིག, Rikyo）在自焚前寫下遺書：

祈願世界和平幸福。為了使尊者達賴喇嘛能夠返回西藏，請不要縱容自己恣意地屠宰或交易牲畜，更不要偷盜；藏人要說藏語，不要打架。我願為一切苦難的有情眾生承擔痛苦。如果我落到中共當局的手中，請不要反抗抵制。大家要團結一致，學習文化知識，家人不要為我的自焚感到傷心。

17. 二〇一一年六月十五日自焚犧牲的尖扎牧民旦正塔（རྟ་མགྲིན་ཐར, Tamding Thar）在自焚前寫下遺書：

皈依三寶，

二〇一二年五月三十日自焚犧牲的壤塘牧婦日玖。

祈願世界和平。

祈願尊者達賴喇嘛回歸故里。

為了守護西藏國，

我將獻身自焚。

18. 二〇一二年六月二十日自焚犧牲的稱多牧民丹增克珠（བསྟན་འཛིན་མཁས་གྲུབ，Tenzin Khedup）在自焚前留下遺言：

對我倆來說，沒有能力從西藏的宗教和文化上出力，在經濟上，也沒有幫助西藏人民的能力，所以我倆為了西藏民族，特別是為了尊者達賴喇嘛能夠永住世間並且盡快返回西藏，而選擇了自焚的方式。告知和我倆一樣的西藏青年們，我們希望而且也相信大家會立誓，永遠不在藏人間進行內鬥，要團結一致，守護住西藏的民族赤誠。

19. 二〇一二年六月二十日自焚犧牲的衛藏木匠阿旺諾培（ངག་དབང་ནོར་འཕེལ，Ngawang Norphel）在自焚前留下遺言

（見上），還在自焚後留下遺言：

　　……沒有語言自由，全都為自由……國家的語言……自由……是我……點燃我，點燃我！我的雪域到底發生了什麼？我的雪域到底發生了什麼？（哭泣）……我的結拜兄弟丹增克珠怎麼樣？他在哪裡？我和結拜兄弟丹增克珠不是為其他，是為雪域西藏，我倆是為雪域西藏，如果我們沒有自由、沒有語言文化和民族特性，將是我們的恥辱，因此，我們必須要好好學習。對一個民族來說，必須要有自由、語言、特性和文字等，我的朋友，要是失去了語言，我們藏人還算是什麼？我們該叫自己中國人還是藏人？謝謝你。我是好不了了。我的心中只有一個願望：我希望我們的民族被人看得起。我的朋友，除此之外，我別無他求。

　　20. 二〇一二年八月七日自焚犧牲的黑措牧婦卓尕措（དཀར་འཚོ，Dolkar Tso）自焚後哀求僧眾：

求求你們不要把我交給漢共產，請打死我。

21. 二〇一二年十月四日自焚犧牲的康納秀作家古珠（ངག་དབང་，Gudrub）生前在 QQ 上留下多則遺言：

雪域藏地的兄弟姐妹們，回顧我們的過去，只有遺憾、憤怒、傷心和淚水，很少有興高采烈的景象。正值在迎接水龍新年時，祈禱大家健康平安，萬事如意，同時希望保持民族自豪感，即使面對痛苦和損失，也不要失去信心，務必加強團結。

西藏重獲獨立的前提下，迎請達賴喇嘛尊者返回西藏是同甘共苦且相依為命的雪域藏人們的目標。達賴喇嘛尊者提倡非暴力中間道路政策，努力爭取自治權利，為此境內外六百萬藏人也一直遵從導者的教言長期期盼，但中共政府不僅不給予支持和關注，反而提及藏人福祉的人都會遭到監禁和無盡的酷刑折磨，更嚴重的是污蔑達賴喇嘛，只要不承認西藏是中國的一部分，將會遭到暗殺或失蹤，

二〇一二年十月四日自焚犧牲的康納秀作家古珠。

藏人的福祉利益根本置之不理，因此，為了見證和宣傳西藏的真實狀況，我們要把和平鬥爭更加激烈化，將自身燃燒，呼喚西藏獨立之聲。

上蒼大神請注視雪域西藏，母親大地請把慈愛賦予西藏，中立的全球民眾請重視正義，純潔的雪域西藏雖被鮮血染紅，軍隊不斷在實施武力鎮壓，但無畏不懼的雪域兒女們，架起智慧之弓，射出生命之箭，殲滅正義之敵。

22. 二〇一二年十月二十日自焚犧牲的桑曲牧民拉莫嘉（ལྷ་མོ་སྐྱབས།，Lhamo Kyab）在自焚前對好友說：

中國的十八大會議什麼時候召開？……這「加」（藏語，意為中國）真不讓我們過一個安心的日子。

23. 二〇一二年十月二十二日自焚犧牲的桑曲牧民頓珠（དོན་འགྲུབ།，Dhondup）在自焚前留下遺言：

拉卜楞寺僧人和當地年輕藏人不要選擇自焚，要留住生命，為民族未來事業做出努力和貢獻。我和老一代人在一九五八年和一九五九年期間，曾遭受中共政府的迫害和折磨，因此，我和其他年事已高的老一代人才應該選擇自焚。

24. 二〇一二年十一月七日自焚犧牲的熱貢牧婦丹珍措（ད་མགྲིན་འཚོ，Tamding Tso）在自焚前留下遺言：

阿爸，我們藏人真難啊，連嘉瓦仁波切的法像都不能供養的話，那是真的沒有自由了啊……

25. 二〇一二年十一月七日自焚、生死不明的阿壩僧人桑珠（བསམ་གྲུབ，Samdrup）在自焚前寫下遺書：

把這世上最仁慈的祝福，獻給我的兄弟姐妹，特別是我的父母。我為西藏而自焚。祈願達賴喇嘛常住於世，願

幸福之光照耀雪域大地。

26. 二〇一二年十一月八日自焚犧牲的熱貢牧民格桑金巴（སྐལ་བཟང་སྦྱིན་པ，Kalsang Jinpa）在自焚前寫下遺書：

為了實現民族平等、西藏自由、發揚西藏語言文字、迎請尊者達賴喇嘛返回西藏，自己決定自焚。

27. 二〇一二年十一月十二日自焚犧牲的熱貢牧民寧尕扎西（སྙིང་དཀར་བཀྲ་ཤིས，Nyingkar Tashi）在自焚前寫下遺書：

致嘉瓦仁波切和班禪仁波切以及六百萬藏人：西藏要自由、要獨立。釋放班禪仁波切，讓嘉瓦仁波切返回家園！我自焚抗議中國政府！父親扎西南傑為王的人，不要為我悲痛，隨佛法，行善事，我的希望是，六百萬藏人要學習母語、講母語，穿藏服，團結一致。

28. 二〇一二年十一月十七日自焚犧牲的熱貢計程車司機久毛吉（ཕྱུགས་མོ་སྐྱིད，Chagmo Kyi）在自焚前寫下遺書：

民族平等，新任領導人習近平須與尊者達賴喇嘛會面。

和平。

29. 二〇一二年十一月十七日自焚犧牲的澤庫牧民桑達次仁（གསང་བདག་ཚེ་རིང，Sangdak Tsering）在自焚前留下遺言、寫下遺書：

我們是雪獅的兒子，紅臉藏人的後代，請銘記雪山的尊嚴。

西藏沒有自由，尊者達賴喇嘛被禁止返回西藏，班禪喇嘛被監禁在獄中，有無數個西藏英雄相繼自焚犧牲，因此，自己不想活在這個世上，活得也沒有意義。

30. 二〇一二年十一月二十日自焚犧牲的桑曲牧民才讓東周（ᚱᚱᚱᚱᚱᚱᚱᚱᚱ，Tsering Dhongub）在自焚前寫下遺書：

要讓嘉瓦仁波切返回西藏，要讓嘉瓦噶瑪巴和國外的所有藏人返回西藏，釋放班禪仁波切和所有西藏犯人，西藏要自由，禁止採礦。

31. 二〇一二年十一月二十二日自焚犧牲的祿曲牧民丹知傑（ᚱᚱᚱᚱᚱᚱᚱ，Tamding Kyab）在自焚前留下遺言：

自己也想選擇自焚表達抗議，如果尊者達賴喇嘛不能返回西藏，自己活著也沒有任何意義。

32. 二〇一二年十一月二十五日自焚犧牲的澤庫尼師桑傑卓瑪（ᚱᚱᚱᚱᚱᚱᚱ，Sangay Dolma）在自焚前寫下遺詩：

回來了。

二〇一二年十一月二十日自焚犧牲的桑曲牧民才讓東周。

藏人們請抬頭，看蔚藍色的高空，懸崖峭壁的殿堂裡，我的上師回來了。

藏人們請抬頭，看雪山之巔，雪獅回來了，我的雪獅回來了。

藏人們請抬頭，看茂密的森林，看綠茵的草原，我的猛虎回來了。

藏人們請抬頭，看雪域大地，雪域的時代有了轉機，藏人是自由和獨立的。

嘉瓦丹增嘉措，在遙遠的地方，履足世界時，祈願苦難下的紅臉藏人，從黑暗的夢中醒來。

班禪喇嘛，正在監獄裡遙望遠天，祈禱我的雪域，升起幸福的太陽。

為了雪域福祉，

雪域的寶貝兒女們，不忘雪山的勇士們才是藏人。

（這句話是寫在照片後面的）

二〇一二年十一月二十五日自焚犧牲的澤庫尼師桑傑卓瑪。

西藏獨立國（這句話是寫在信封上的）

桑傑卓瑪

西元二〇一二年十一月（看不清具體日子）日

照片上，她手背上的文字是「圖伯特，一個獨立的國家」。

33. 二〇一二年十一月二十七日自焚犧牲的左格牧民格桑傑（སྐལ་བཟང་སྐྱབས།，Kelsang Kyab）在自焚前留下遺書：

永別了，世上恩惠無量的父母和兄弟姐妹們，我要為雪域西藏的福祉利益用火點燃生命，祈願達賴喇嘛丹增嘉措永久住世，希望雪域西藏的幸福之日盡早到來。

欠羅加家六百元錢，多哪麥格的父老鄉親們，再見了，我是為了雪域藏區的事業把自己的身軀燒了。

34. 二〇一二年十一月二十七日自焚犧牲的桑曲牧民

桑傑扎西（ སངས་རྒྱས་བཀྲ་ཤིས། ，Sangay Tashi）在自焚前給親戚打電話：

今天我要為民族事業自焚。

35. 二〇一二年十二月三日自焚犧牲的果洛僧人洛桑格登（ བློ་བཟང་དགེ་འདུན། ，Lobsang Gendun）在自焚前給班納合寺僧人打電話：

我就要點火自焚，身上已倒滿了油，接下來喝了電瓶油後就點火。本來我想寫遺書，但我的字體很差，所以就給你打電話留下遺言。我有一個希望，那就是西藏三區民眾要團結一致，不要為各種糾紛而內鬥，只有這樣我們的希望才會實現。

36. 二〇一二年十二月九日自焚犧牲的澤庫女中學生班欽吉（ པན་ཆེན་སྐྱིད། ，Benchen Kyi）在自焚前給友人打電話：

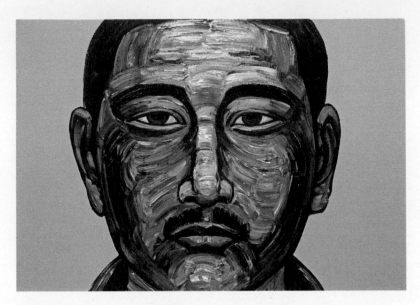

二〇一二年十二月三日自焚犧牲的果洛僧人洛桑格登。

我們沒有任何自由。我要為西藏民族的尊嚴而自焚。如果我在當局門前自焚的話，我的父母不會得到我的遺體，所以我會在不通公路的村莊自焚……

37. 二〇一三年一月十八日自焚犧牲的瓊曲牧民珠確（གྲུབ་མཆོག, Dumchok）在自焚前留下遺言：

請不要恐懼。

38. 二〇一三年二月二十四日自焚犧牲的巴燕農民彭毛頓珠（ཕག་མོ་དོན་གྲུབ, Phagmo Dhondup）在自焚前寫下遺書：

至今在西藏各地已有上百名藏人為民族自由點火自焚，他們確實是西藏民族的英雄。只要西藏不獲得自由與獨立，藏民族的文化和習俗都會被漢人消滅。今年，在我們家鄉化隆縣藏人居住區，政府有關部門下令禁止學習藏語，很多藏文教師從化隆縣被驅逐，我真的很傷心。今晚

十五，我會在夏瓊寺辨經院前自焚，今天也是見證西藏獨立之日。

39. 二〇一二年三月十二日自焚未成、生死不明的色達中學生成列（འཕྲིན་ལས།，Tinley）在自焚前寫下遺書：

第一，希望自己作為成員的「母語前景協會」能夠長久，將來為民族做出貢獻；

第二，當前緊張時刻，境內外藏人必須團結一致；

第三，希望其他同學和有識人士為民族長存繼續奮鬥，不要像自己一樣選擇自焚。

40. 二〇一二年八月十七日自焚未成、後離奇身亡的尖扎牧民多吉熱丹（རྡོ་རྗེ་རབ་བརྟན།，Dorjee Rabten）在自焚前留下遺言：

最不能容忍的是，中國政府不僅不讓達賴喇嘛返回

西藏，還用各種手段無端指責和謾罵達賴喇嘛。而藏人不僅沒有任何自由，連青少年都不能進入學習本民族文化和語言的學校，即使受過中文教育，但當局讓很多漢人學生進藏入學，使大批藏人考生因中文水準低於漢人學生而落榜。一想到這些，無法繼續活下去。

41. 二〇一三年一月十九日自焚未成卻服毒身亡的祿曲牧民久謝傑（ འཇིགས་མེད་སྐྱབས། ，Jigjey Kyab）在自焚前寫下遺書：

但願我的希望能夠實現，二〇〇八西藏獨立，如果你是一個好男兒就請站起來，雪域之子請站起來，雪域歌者請站起來，達賴喇嘛丹增嘉措萬歲，向雪域雄獅致敬。

遺書還囑咐兄妹好好照顧父母，生活幸福，許願在來世報答父母恩情。遺書還記錄了阿壩歌手格白（曾被拘捕）創作並演唱的歌曲〈我來了〉的歌詞：

我遙遠的怙主啊！我來了，

淚眼滂沱，我來了，

訴說雪域的苦難，我來了，

救苦的怙主啊！想念你，想念你，我來了！

我心中的朋友，我來了，

踐行著佛法的功德，我來了，

你並非獨自活著，我來了，

親愛的朋友啊，想念你，想念你，我來了！

雪域的兄弟姐妹，我來了，

訴說圖伯特的苦難，我來了，

彈奏著悅耳的「咚鈴」，我來了，

為了把福祉帶去圖伯特，我來了。

42. 二〇一三年二月十三日自焚犧牲的朱古竹欽澤仁

（སྒྲུབ་ཆེན་ཚེ་རིང་།，Drupchen Tsering）在自焚前留下遺言：

　　　　　　　　　　　　　　　　　　　西藏火鳳凰

自己未能為藏民族做過一件有意義的事，一定會盡全力達成願望。

自己床下有六千尼泊爾盧比，希望供奉給尊者達賴喇嘛。

圖伯特是一個美麗的國家，我非常熱愛我的國家。

43. 二〇一三年三月十日自焚未成的流亡藏人達瓦頓珠（ཟླ་བ་དོན་གྲུབ，Dawa Dhondup）在自焚前留下遺書：

我在遺書中強調，當前西藏人民的艱難處境，呼籲境內外藏人齊心協力共同奮鬥，祈願達賴喇嘛尊者早日返回西藏，祈願境內外藏人早日團聚在雪域西藏，迎請尊者返回西藏，西藏重獲自由是藏人行政中央司政洛桑森格的職責。

44. 二〇一三年五月二十七日自焚犧牲的曲麻萊牧民丹增西熱（བསྟན་འཛིན་ཤེས་རབ，Tenzin Sherab）在自焚前對友人說：

藏民族獨特的宗教與文化遭到嚴重破壞，實在無法容忍當局的這種政策，更不想在這樣的政策下繼續生存。

45. 二〇一三年六月十一日自焚犧牲的道孚尼師旺欽卓瑪（དབང་ཆེན་སྒྲོལ་མ། ，Wangchen Dolma）在自焚前一天對中學生說：

一定要把藏語文學好。

46. 二〇一三年七月二十日自焚犧牲的左格僧人貢確索南（དཀོན་མཆོག་བསོད་ནམས། ，Kunchok Sonam）在自焚前給友人留下遺言：

在中國政府的壓制下生活，是產生痛苦的根源。

47. 二〇一三年九月二十八日自焚犧牲的阿壩牧民西瓊（ཞི་ཆུང་། ，Shichung）留下遺言：

二〇一三年七月二十日自焚犧牲的左格僧人貢確索南。

這些漢人不會讓我們安心，我真的需要在他們面前實施自焚⋯⋯

48. 二〇一三年十一月十一日自焚犧牲的果洛僧人才讓傑（ཚེ་རིང་རྒྱལ།，Tsering Gyal）留下遺言：

我今天是為了境內外藏人團聚而自焚，一定要搞好藏人內部的團結，保護好西藏的語言、文字和傳統習俗，這是我唯一的願望。若能這樣，境內外藏人定能團聚。

49. 二〇一三年十二月十九日自焚犧牲的桑曲阿木去乎寺僧人次成嘉措（ཚུལ་ཁྲིམས་རྒྱ་མཚོ།，Tsultrim Gyatso）寫下遺書：

〈雪域鬥士次成嘉措為了藏人的團結與福祉而自焚——金子般的眼淚〉
唉！眼淚，心口疼痛。

親愛的兄弟，你聽到了嗎？你看見了嗎？六百萬藏人的苦難向誰訴說？黑漢人暴虐的監獄，奪走了我們黃金白銀般的寶庫，使百姓們處於苦難中，想起這，不禁流淚不止。

將我寶貴的身體燃燒，為了尊者達賴喇嘛返回故土，為了班禪喇嘛獲得釋放，為了六百萬藏人的福祉，我將身體獻供於烈火。以此祈願消除三界眾生的苦難，走上菩提之路。

佛、法、僧三寶啊，請護佑無助的人們，雪域同胞們，要團結 ×××××（此處字跡不清）……

——雪域鬥士次成嘉措

50. 二〇一四年三月十六日自焚犧牲的格爾登寺僧人洛桑華旦留下的遺書：

想要對父母、兄弟姐妹們說的是：民族間相互團結，誠心相待是正確的。心懷妒恨招致失敗，誠心相待會成功

是毋庸置疑的。同樣無論做任何事情，都要三思而行，不要愚昧行事是極為重要的。

如果是學生，要做到學業有成；如果是父母，要教育好自己的孩子；如果是商人，要做到雙方有利。不論是農民還是牧民，要孝敬父母。

對全世界，特別是對漢人鄰居要團結，只有相互團結有愛心，才可以將我們的想法向對方說明，也可以有所作為，不是嗎？哦！我要向你們說的是，要時常把有利他人和有利自己區分開來，要常求有利別人，不求有利自己，因為幸福的根源是有利他人及團結一致。

願阿媽、祖母、姨姨、舅舅、姐夫，以及我的哥哥、弟弟、姐姐、妹妹及所有與我有關的親人，以及，付出心血教育我的老師，我的同學們事事順利，心想事成，所做的一切都是為了利他。

我的阿媽啦！您用慈愛養育了我們，我們是在您的血汗中逐漸成長，我們在您的懷抱裡得到無盡的快樂，您給予我們太多太多，讓我們順順利利，沒有任何困難，一

切只因您的慈悲。感恩我的母親！一切是您給的，如果要一一詳述，永遠也沒法說完，所以就說這麼多吧！

以上一定有很多錯別字，我向你們表示抱歉。（華旦，或雄鷹智華，或素食者，或哈哈哈短腿敬上）

51. 二〇一四年四月十五日自焚犧牲的康道塢農民赤勒朗加，（འཕྲིན་ལས་རྣམ་རྒྱལ，Tinley Namgyal）留下遺言：

我們現在的處境很困難，根本沒有自由。

藏人沒有自由可言，連騎摩托車到縣城購物都受到阻攔。

如果自焚的話，對西藏整體利益有多大作用？對獲得自由有多大幫助？

52. 二〇一四年九月十六日自焚受傷的甘德牧民貢覺（དཀོན་མཆོག །，Kunchok），被送往醫院救治後流淚說：「我沒有完成我的心願。」

當和平降臨天安門廣場

註：此作品是應丹增尊珠之請而作。
　　達賴喇嘛尊者將要為天安門事件舉行一次佛法開示。

一些故事

火焰中，以身獻祭的彭措：兩份口述，一
些回憶⋯⋯

　　二〇一一年三月十六日下午，在安多阿壩（今四川省
阿壩州阿壩縣），格爾登寺（藏語，格底貢巴[1]）的僧人

洛桑彭措（又寫平措），獨自一人，離開被軍警嚴密監視的寺院，走到曾經熙攘、此時人也眾多的街頭，突然變成了一團燃燒的火焰。從火焰中傳出他的聲音：「讓嘉瓦仁波切回來！」「西藏需要自由！」「達賴喇嘛萬歲！」人們都萬分震驚地看見，火焰中的僧人倒下了，又掙扎著站起，但又倒下了。滿大街全副武裝的特警、武警、警察、便衣，立即圍攏過來，用手中的棍棒撲打著僧人，可這是在滅火，還是在打他？

三月十七日凌晨三點多，彭措悲壯而死。

現在知道，他才二十歲，一九九一年生，父母為阿壩縣麥爾瑪鄉二村人。[2]

1

第一個口述者：格爾登寺僧人洛桑群增，二十歲，二〇一〇年底翻越雪山逃至印度達蘭薩拉，學經。[3]

我與彭措一個寺院、一個班級、一個經師。彭措非常尊敬自己的經師洛桑亞培，因為他是精通五部大論的著名

經師。彭措每次見到經師，都會把披的袈裟垂下來，恭敬地跪在地上。

彭措平時喜歡鍛練身體，比如用力伸展胳膊，愛打籃球。他很有肌肉，很健壯。他平時很開朗，喜歡開玩笑。他的性格好，有禮貌，對迎面走來的人，不認識也會笑。

但是，二〇〇八年的抗暴[4]對他的影響很大。當時，他也走上街頭，參加了抗議，親眼目睹很多人被打死。遇難者的遺體送到格底貢巴的大經堂前，由僧眾修法超度亡魂。當時，看到那些血肉模糊的遇難者，彭措在做法事時，痛哭不止。

二〇〇八年，藏人被打的打，被抓的抓，被打死的打死，被致殘的致殘，許多藏人都產生了強烈的反對當局的意識。

本來，阿壩地區在二〇〇八年三月十六日抗議時，死了很多人，所以三年後的今天，許多藏人都在寺院和家裡點酥油燈，紀念遇難者。彭措的紀念方式是自焚。

彭措自焚的時候，被軍警圍住了，被打了，打得很厲

害。僧人和百姓不顧一切地把他搶回寺院，但是，他的傷勢太嚴重了，就送到阿壩縣醫院，可是醫院不收，因為當局有令，不准收。因此，他們不得不把彭措交給警察。

彭措自焚之後，讓僧俗們憤怒，上街抗議。一些僧人和俗人當場被抓。更多的僧人和俗人在格爾登寺的大經堂前靜坐，要求放出被抓的僧人。一直靜坐到晚上十一點半。

十七日凌晨三點多，彭措去世。當局一會說他二十四歲，一會又說成十六歲，其實他二十歲。

彭措的父母是牧民。兄弟姐妹多少人，不知道。但他有兄弟三人，加上他，四人，都在格底貢巴出家為僧。

2

第二個口述者：格爾登寺僧人（隱去名字），二十六歲，在境內。

彭措的名字就是彭措。但格底貢巴所有僧人的法名前都有「洛桑」，所以他叫洛桑彭措。我也是，叫洛桑××。

格底貢巴有三千多名僧人，我和彭措雖然不在一個扎倉（佛學院），但曾經長談過一夜。是在二〇〇九年，扎白自焚之後。我驚訝地發現，彭措雖很年輕，卻非常關心民族的事情。說起格底貢巴附近被當局關閉的藏文學校，他很氣憤。說起十一世班禪喇嘛五歲就失蹤，他痛苦得流淚。說起嘉瓦仁波切為了藏人在全世界奔走，也不禁落淚。他知道妳，阿佳唯色。

　　我見過他的一張照片。也是二〇〇九年拍的。照片上，他身上披著雪山獅子旗，盤腿坐在夏天的草地上。我說如果被警察看見，會有麻煩，可是他笑著說：「我不怕。」

　　二〇〇八年喚醒了我們，也改變了我們。是的，當時彭措也上街抗議了。抗議中，許多藏人被槍殺，死得很慘，我親手把鮮血流乾了的遺體抬回寺院，誦經修法。

　　彭措自焚，事先應該是誰都不知道。他也沒有留下遺書，沒有留下遺言。他就像平時那樣，從寺院旁邊的軍營和派出所前走過，從持槍武警的崗哨前走過，也從去年扎白自焚的街頭走過，大概就走了兩百多米。很突然，他抬

西藏火鳳凰

起頭，把一瓶汽油給喝下去了，還灑在了身上。然後，他點燃了被汽油浸透的自己，就這麼燃燒起來。

他大聲地喊著：「讓嘉瓦仁波切回來！」「西藏需要自由！」「達賴喇嘛萬歲！」兩次摔倒在地。但很快就被許多軍警圍住，狠勁打他。

街上的藏人們都被震住了。看見軍警打彭措，一些僧人和俗人不顧一切地衝進去，搶了彭措就往緊挨著寺院的醫院奔去，可是醫院已經下班，關門了。人們又抱著彭措往他的僧舍跑去，他的父母也在，震驚得放聲大哭。人們又抱著彭措往縣醫院跑去。可是醫院不收，醫生說不能收。為了救彭措，僧俗們把彭措交給公安和幹部，哀求他們搶救彭措。這時大約五點。

很晚的時候，醫院才得到批准，同意搶救彭措，但已經沒有挽救的可能了。凌晨三點多，彭措犧牲了。

可是醫院不肯把彭措的遺體交給他的親人。直到下午四點多，才交出了彭措的遺體。聽說，有官員來察看了彭措的遺體，而且，還警告寺院說，必須要在十八日上午八

神奇的藍花盛開在結古多（即青海玉樹）

一朵小小的藍花綻放在結古多的大地上，
彷彿一個奇蹟即將降臨。
我們要珍愛這朵美麗的小花，
還要銘記我們摯愛和尊敬的人。
許多年來，你奪走了眾多的生命，
還有我們的土地，
更有我們言說和信仰的自由。
難道你還要禁絕
我們的自由去珍愛這個美麗的小小生靈？

她是這片苦難土地上高貴的藍色靈魂。
難道你還要禁絕
我們的自由去祈禱
那些為了我們而獻身的靈魂？
藍色的小花和潔白的哈達象徵著和平，
豈是你們的槍砲可以比擬？

點以前處理完喪事，不准保留遺體。

　　彭措的遺體被送回寺院，圍裹著白色的哈達，供放在大經堂前。從十七日下午到十八日早晨，格底貢巴三千多位僧人為彭措修法超度，從周圍趕來的三千多個百姓排著隊，手捧哈達，口誦嘛呢（六字真言），向彭措致敬。那個場面太痛苦了，沒有人不哭泣，連最堅強的男人都在流淚。按照我們的傳統，不應該在送別死者踏上中陰之路時如此痛苦，因為哭聲和淚水會影響死者的來世，可是此情此景，誰都悲憤難抑，有藏人痛苦得暈了過去。

　　寺院三公里以外有天葬台，但彭措是汽油自焚，又被毒打，鷹鷲可能不會飛來，所以就決定採取火葬的儀式。裝有彭措遺體的車開往天葬台時，成千上萬的人高舉著哈達，大聲祈禱，一路泣別。

　　彭措自焚之後，直至火葬，我知道，有很多現場照片。可是發不出去，當天阿壩就斷網了，手機也打不通。後來，手機通了，但發彩信（編按：多媒體訊息）的話，其他照片都可以發出去，與彭措相關的照片就發不出去，電話裡

一說起彭措的事情，就沒有信號了。

而去年二月二十七日，在阿壩街頭自焚的扎白，他的名字其實是扎西，洛桑扎西。扎白是他母親叫他的暱稱。他的母親叫梅廓，四十五歲；還有哥哥策波，二十七歲，妹妹才讓吉，十八歲。扎白現在二十五歲。

扎白自焚，被警察開槍擊中身體。他先是被送到成都的醫院治療過，現在阿壩州州府馬爾康的軍隊醫院，與母親在一起，既不允許出院，也不允許除舅舅之外的親人和寺院僧人探望。目前還不知道什麼時候，他會被允許出院。

因為被槍擊中腿和右臂，扎白的腿已殘，走路不便，右臂也抬不起來。又因被火燒過，身體右邊如面頰、右手都留下疤痕。

當時，醫院方面企圖給扎白截肢，截掉中彈的腿與右臂，為的是不留下中槍的痕跡，毀滅證據，但被扎白的母親拚死拒絕，所以未能截肢。

拍下扎白自焚被警察槍擊，並把現場照片發送出去的格爾登寺僧人江廓，後來被判刑六年半，現在還在牢中。

二〇一一年三月二十日，北京

1．格爾登寺具有一百二十多年的歷史，屬於藏傳佛教格魯派大寺，毀於一九五〇年代及文革，一九八〇年代重建。格爾登寺有二十餘個子寺，遍及四川、甘肅、青海的安多地區。格爾登仁波切（又寫作格德仁波切）是安多阿壩地區格爾登寺的住持。

2．中國官方新華社的報導先是稱自焚僧人是二十四歲的彭措，後來改說現年十六歲，患有癲癇病。還說附近巡邏的警察及時將火撲滅，並迅速就近把彭措送往醫院救治。因為「格爾登寺一夥別有用心的僧人不顧傷患的安危，強行將彭措搶運到寺內的扎倉藏匿」。經過當地政府和彭措母親嬋布洛再三交涉，直至三月十七日凌晨三時，格爾登寺才將彭措交予其母，當地政府和嬋布洛立即將彭措送到阿壩縣人民醫院救治。不過，「由於格爾登寺藏匿傷患拖延時間，使傷患失去救治的寶貴時間，經搶救無效，於十七日凌晨三時四十四分死亡。」

新華社企圖把抗議者誣陷成生理或心理有疾病的病人，企圖栽贓寺院和僧人是凶手。正如去年二月二十七日，阿壩僧人扎白當街自焚遭軍警槍擊，在眾多外媒紛紛報導之後，新華社不得不承認，確有一個「穿袈裟的男子」引火自焚。但否認軍警向他開槍；軍警沒有開槍不說，還救了他，把他送到成都的醫院了。又說醫生也否認槍傷，指他身上只有燒傷。事實上，扎白的腿和右臂中彈，險些被截肢，而證據遭毀。

新華社還稱彭措父親說：「他是自己自焚的，只有燒傷，其他什麼傷都沒有。」這也正如去年扎白自焚被槍擊，新華社「引用一名西藏僧侶的話說，槍擊的說法是他編造的」。事實上，彭措不是自焚而死，除了燒傷，還有被軍警毒打的傷，他是被毒打致死，是被殺。

3．這部分的口述，是現在達蘭薩拉的漢人作家朱瑞，十八日晚上採訪洛桑群僧之後，從Skype 發給我的。朱瑞說：「一個熟悉彭措的僧人，幾分鐘後，會到我這裡來。我試著在電話裡問他，他什麼都說不出來。也許面對面，會好一些……」之後，我也在 Skype 上與他交談，對口述記錄做了補充。

4．二〇〇八年三月十六日，阿壩縣爆發大規模的抗議遊行，遭到軍警鎮壓，當時被開槍打死的有僧人、學生、牧民二十三人，其中包括孕婦、五歲的孩子和十六歲的女學生楞珠措。「三・一六」因此成為阿壩重要的紀念日。

沉默的另一面：從諺語說起

1

西藏有句諺語：「藏人毀於希望，漢人毀於猜忌。」

我不知道這諺語起於何時，有著什麼樣的背景與故事。只知道許多藏人總是把這句諺語掛在嘴邊，自嘲地說，無奈地說，意味深長地說。

希望與猜忌，難道是兩個民族的性格特點或迥異之處？

這諺語似乎屬於「內部」的語言，用藏語說的時候，兩段話的最後一個音節都是很鏗鏘的「毀滅」，像某種敲擊聲，甚至像槍聲。不信你聽：「毀滅」的發音是「phung」。

隨著時間流逝，每一次說出這諺語，它負載的信息就像如影隨形的陰影漸漸濃郁，直至衝出藏人自己的圈子，如今已變成多種文字，類似於某種結論。

2

那麼，在中國，有沒有類似的諺語呢？

應該沒有的，我指的是專門評說漢人與藏人的諺語。但是，早在兩千多年前，漢人就有一句話刻在自己的史書當中。

非我族類，其心必異。

這句古語本來並不可怕，但這些年來，在以漢人為主體民族的中國，有著歷史積澱的此論甚囂塵上。甚至還流傳這樣一段話，可謂殺氣騰騰：「小異和之，中異警之，大異伐之，異吾以危，斷然滅之！」

顯然，被稱為「少數民族」的，都是異族，必有異心。除非被「和」，即一勞永逸地被融合、同化，為的是實現從來宣導的「大一統」。否則不是被「伐」，就是被「滅」。而這個過程，用國家權力的說法，過去叫作「解放」，今天叫作「維穩」。

3

當然，我並不是說，所有漢人都認為「非我族類，其心必異」。

但是身為「少數民族」，如藏人、維吾爾人、蒙古人，透過在這個國家生存的經驗，會認識到：這樣一種「民族觀」，其實是普遍的，而且是主流的。

甚至連中國的一些異見人士、維權人士，在面對民族問題的時候，也是持有雙重標準的。也即是說，在他們看來，民主、人權與自由等普世價值觀只對漢人有效，而「少數民族」，對不起，似乎是不能被民主、人權與自由等普世價值的光芒所照耀。雖然他們認為自己是專制的受害者，卻未意識到，對於其他民族而言，他們也是專制的化身，是加害者。

比如，有維權人士甚至如此質問：「自焚的藏人為中國漢人做了什麼？」

4

　一個接一個的藏人自焚了，從二〇〇九年至今已經有二十七人自焚了，而今年，才短短兩個多月裡，就有十四人自焚！

　如此巨大的人道災難，在中國社會激起了怎樣的反應？

　當局總是說它「解放」了西藏，給六百萬西藏人民帶來了「幸福」，可是，何以在「解放」這麼多年之後，「農奴」要起來反抗「解放」他們的人？何以在西藏遼闊的大地上，無數走上街頭、縱馬草原的抗議者，幾乎都是在「解放」以後出生的藏人？

　當局依然把這一切解釋為「達賴集團有組織、有預謀、精心策畫的」，中國媒體也合謀將這個謊言變成堂而皇之的國家輿論，而只能被一種聲音灌輸的中國民眾，對藏人的抗爭既不瞭解，也不關心。

　只有很少的聲音，在被權力壓制、排斥的角落，竭力地呼籲著。除此之外，幾乎是一片沉默，就像是根本沒有

發生過。

「藏人自焚這件事上，除了極少數幾個例外，中國公共知識分子們集體熄火、裝聾作啞。房間裡的大象，沉默的共謀。他們和行凶者一樣無恥。」

這是人權律師滕彪說的。二○○八年，西藏民眾的抗議被當局鎮壓後，他與二十多位中國律師公開表示，願意為被逮捕的藏人提供法律援助，他因此被剝奪了律師資格，其他律師也遭遇種種困難。相當一段時間以來，中國人權律師的狀況日趨惡劣，已經很難承擔關涉西藏的敏感案件。

5

「房間裡的大象」，這也是一句諺語，倒不是藏人的諺語，也不是漢人的諺語。不過有趣的是，這句英語諺語無論用藏語說，或用漢語說，人們都會立刻明白，並覺得詭異。

而西藏，或者「西藏問題」，正是「房間裡的大象」。

獻給珠巴卡，二○一三年二月十三日在安多左格（甘肅省甘南藏族自治州合作市）自焚。他是三個孩子的父親。

你的土地，
被打上圍欄，受到掠奪。
但總有一天，
你會再次回到綠草茵茵的牧場，
踏上星空下的群山。

已經流亡五十三年的達賴喇嘛；已經失蹤十八年的班禪喇嘛；以及，這兩、三年來，以身自焚的二十七位藏人，他們當中，從十七歲到四十一歲，有男僧、有女尼，也有仁波切，有農民、有牧人，也有孩子的父親和母親……但是，對於中國社會來說，都不存在。即便存在，也是那種遭到污名化之後、被扭曲了真相的「存在」。

以及，在以「發展經濟」為名義的過程中，藏人的傳統生產方式和生活方式並未得到尊重，源源不斷的外來移民使得藏人在受到漢文化衝擊的時候，更是付出了環境（包括資源、生態等）和社會（包括文化、人權等）的巨大成本，藏人甚至在自己的家園開始成為「少數民族」。

6

很多生活在西藏的藏人，不得不閉嘴、噤聲、無語。

這些年，有多少個藏人中的優秀人才，接踵而至地，被國家機器突然地，從家中、從寺院、從就職的單位，或從我們不知道的各處，以野蠻的方式，帶往一座座黑暗的

牢房？確切的數字我們無從知道。

於是，正如在拉薩的各個角落，充斥著耳語、竊竊私語，但那完全止於極小的圈子，並不敢暴露在陽光底下。相反，在陽光下或大庭廣眾當中，人們默不作聲，相互提防，自己割掉了自己的舌頭，變成了演默劇的木偶，黨叫幹啥就幹啥，我曾認為這是「人格分裂」的表現，如今才發現，迫使一個人長出兩個頭的壓力是恐懼，藏語稱其為「go nyi pa」（雙頭人）。

7

而漢人在西藏話題上的沉默，可能包括多種因素。

一種源於對「大一統」的認可，有人自認為這是受中國大一統文化的影響，無法擺脫。

一種源於「各人自掃門前雪，休管他人瓦上霜」的觀念，這是中國儒家傳統倫理之一，卻變得自私。

還有一種沉默與恐懼有關。比如，只因在新浪微博（「中國推特」）上轉發藏人自焚真相的文字，深夜會被

警察帶到派出所，警告不准再提西藏。這不是虛構，而是幾天前在北京發生的事。

還有一種沉默與無知有關。而這種沉默是有可能被打破的，需要的是我們絕不放棄記錄真相、傳播真相的努力。如果有很多人因為得知真相而開始發聲，那種肆無忌憚的壓迫就會收斂，至少在開槍時，可能會把槍口抬高一釐米。

8

所以我覺得，西藏的那句諺語需要修改。應改為：「藏人毀於沉默，漢人毀於沉默，世人毀於沉默。」

為了免於毀滅，唯有打破死一般的沉默。

二〇一二年二月二十二日至三月十日，北京

CCTV 對藏人自焚的解釋

　　五月七日凌晨兩點多，CCTV 頗為神祕地播放了一部關於藏人自焚的專題片，包括中文版和英文版。這是中國官方媒體作為當局喉舌對藏人自焚的描述，時長四十一分鐘。隨即有網友質疑：「半夜放⋯⋯也就是不讓普通國人看吧。」第二天，CCTV 在其境外平台以法語、西班牙語、阿拉伯語、俄語播出該片，但因這些頻道並未在中國本土落地，可以說幾無中國境內的人能看到。

　　中國網路電視台沒有在網上轉播此片。但三天後，YouTube 網站出現了此片的中文版 [5] 和英文版，畫面上無 CCTV 標誌，被認為是 CCTV 自己放在 YouTube 上的。然而我們都知道，在中國，這個視頻網站是被屏蔽的。至於中國國內的各種視頻網站，目前找不到這部專題片。

　　這表明，這是一部對外宣傳片，包括中文版也主要是針對「海外華人」。藏學家史伯嶺（Elliot Sperling）評說：「藏人自焚事件變成了對國外宣傳的戰線。」面對從二

〇〇九年至今越來越多的藏人以自焚來表達決絕的抗議，中國政府需要向世界做出於己有利、有面子的解釋，從這個扭曲事實的片名即可看出——《達賴集團與自焚暴力事件》。

直到目前，CCTV 也沒有針對中國境內的觀眾播放這部專題片。而我們都還記得，二〇〇八年春天遍及全藏地的抗議爆發之後，CCTV 很快製作了一部名為《拉薩打砸搶燒暴力事件紀實》的專題片，在黃金時段隆重推出、滾動播放，甚至製成 DVD 出售，其強大的宣傳攻勢所產生的效果，用一位從事民族工作的退休官員的話來說：「將民族之間尚可修補的裂痕徹底撕開，覆水難收。」

那麼，之所以這次對外播放、對內卻不播放關於藏人自焚的專題片，心機甚深的當局是出於什麼樣的考慮呢？僅僅是防止以漢人為主的中國人對藏地的狀況有更多瞭解，從而對當局聲稱的「現在是藏族人民歷史上從未有過的發展和幸福時期」產生疑惑嗎？這應該是原因之一，但更主要的原因，應該是擔心刺激生活在藏地的幾百萬藏

獻給永仲

二十七歲，二〇一二年九月二十九日在圖伯特東部康區稱多縣自焚，是二〇〇九年以來第五十二個死於自焚的抗議者。

人，以及同樣被當局忌憚的維吾爾人、蒙古人等民族。雖然這部專題片只提到了十三位自焚藏人，但一些關於藏人自焚現場的錄影和照片卻是首次披露，展示了自焚藏人的巨大勇氣，而 CCTV 的種種解釋漏洞百出，徒增嗤笑耳。

據來自安朵桑曲（甘肅省甘南藏族自治州夏河縣）的消息，早在今年二月初，一部聲稱「達賴分裂集團」策畫藏人自焚、自焚藏人皆有人格污點的宣傳片已在此地放映。當地官員要求寺院、鄉村及學校派代表觀看、批判，但觀眾的反應卻是相當抵觸。事實上，安多是自焚藏人最多的地區，多達三十一位。此片放映之後，二月間有六位藏人自焚，三月間有十一位藏人自焚，四月間有兩位藏人自焚，五月間有三位藏人自焚，包括一位有三個孩子的母親。其中兩起自焚發生在拉薩：是在最為重要的佛教節日「薩嘎達瓦」的第六天，在全藏地全為神聖的大昭寺與擔負壓迫職能的八廓街派出所之間，兩名在拉薩打工的安多青年自焚。

在安朵桑曲等地放映的宣傳片可能只是試映，而且應

該是CCTV外宣片的雛形，因為許多鏡頭據說相同。然而，正如網友評論：「四十分鐘央視英文版藏人自焚宣傳片看完了，一個感覺，關掉聲音，就立刻變反政府新聞片。這種雙刃宣傳片，也不知道做的目的是幹嘛。」很顯然，做此片的目的，是為了證明它的解釋既荒謬又卑劣。

二〇一二年五月三十一日，北京

5．http://www.youtube.com/watch?v=bo3sCuwkcak&feature=related&noredirect=1。

CCTV 外宣片中的自焚藏人

CCTV 一反常態地，既不聲張也很吝嗇地，在五月初播出關於藏人自焚的外宣片，值得研究。我從 YouTube 網站下載了這部外宣片，反覆觀看，並做了如下分析：

第一，CCTV 這部完成於二〇一二年五月的外宣片，所提及的自焚藏人只有十三人。然而，事實上，從二〇〇九年二月二十七日阿壩縣格爾登寺僧人扎白自焚，至CCTV 外宣片完成時，在境內藏地已有三十五人自焚，涉及今天中國行政區劃的四川省、青海省、甘肅省和西藏自治區。

即便如這部外宣片，一開始便將藏人自焚事件鎖定在「四川省阿壩州和甘孜州」，僅此兩個地區的自焚藏人就多達二十八人，其中阿壩州二十五人，甘孜州三人。

第二，CCTV 外宣片主要描述了扎白、彭措、次真和達尼四位自焚藏人在自焚前後的事。點名提及了充翁洛

獻給久毛吉和桑德次仁

二十七歲的久毛吉是兩個孩子的母親;二十四歲的桑達次仁是一個孩子的
父親。二〇一二年十一月十七日,他們在安多熱貢和澤庫自焚。

為你們的漫漫旅途,
獻上一樹成熟而鮮亮的芒果,
願這些成熟的芒果,充實你們的魂魄,
願這些鮮亮的芒果,照亮你們通往來生的路。

卜、尕爾讓、貢確旦巴、尕爾讓旺修四位自焚藏人自焚的時間和地點。對曲培、卡央、諾布占堆、丹增旺姆、達瓦次仁五位自焚藏人，沒有點名，只是提及當時當地有過自焚。

而 CCTV 說扎白自焚，是因為沒有參加二〇〇八年三月十六日的抗議，被其他僧人取笑，為了爭口氣，就自焚了。

但《紐約時報》六月二日的報導否認了這一點，而是說扎白在自焚前兩天，「走在街上，用腳去踢解放軍的軍車」，曾與扎白同一所寺院的僧人說：「他是想故意挑釁那些士兵⋯⋯在他的眼睛裡，我可以看到他對軍隊有多仇恨。」

CCTV 還讓彭措的父親說兒子「容易輕信」、「頭腦簡單」，所以去自焚。但是在去年三月底，中國另一家官方喉舌新華社，對彭措自焚的解釋是說，彭措患有「癲癇病」，「不正常」。對於同一個人，中國官媒想怎麼說就怎麼說。

而在這部外宣片中，對自焚者的污名化淋漓盡致地表現在對次真和達尼為何自焚的解釋上。次真和達尼同時自焚，達尼當場身亡，燃燒著的次真跑到街上，被軍警滅火後強行帶走，一天之後身亡。隨後，當局提供了一份詳細的「次真訊問筆錄」。

作為被嚴重燒傷的人，從燒傷到去世只剩下一天多，顯然是在死亡線上掙扎。一位在燒傷醫院工作的漢人醫生，在推特上對我說：「受傷後短期內可以說話，但堅持不了多久。會昏迷，窒息等等。緊接著會發生全身性的人體內環境紊亂、休克、缺氧等等。如果沒有得到非常專業的救治，很快就會出現全身多器官功能的衰竭。」

當我詢問：「這樣的重傷者，能夠神智清醒、有條有理地回答一堆問題嗎？那份訊問筆錄至少兩、三頁，大段、大段地交代了偷盜、搶劫、嫖妓的經歷，像不像是偽造的？」

這位醫生含蓄地答道：「這些，妳懂的。」

在那份「訊問筆錄」中，兩位自焚藏人所展示的形象

不但是小偷、搶劫親戚錢款的強盜，還居然在自焚前成了「嫖客」。為此，CCTV讓一個說四川話的婦女現身講了幾句話，而這個被註明是「賣淫女」的婦女，面部被技術處理，完全模糊。CCTV是要保護「賣淫女」的權益嗎？什麼時候，這個國家的官媒變得這麼保護「賣淫女」的權益？

第三，在被CCTV提到的十三位自焚藏人，稱「被救生還」的有四人：扎白、尕爾讓、貢確旦巴、尕爾讓旺修。CCRV還展示了他們在醫院的鏡頭。然而，一位外媒記者看到他們被逼問以後還會不會自焚時，深感憤怒，認為這很殘酷、不人道。但外媒記者有所不知的是，這些被逼問的自焚藏人，有人甚至四肢被截肢。更有所不知的是，這些所謂「被救生還」的自焚藏人，並沒有返回家鄉與寺院，事實上再也不知下落。

二〇一二年六月三十日，北京

進藏路上的檢查站

八月盛夏的凌晨，在出格爾木往拉薩去的青藏公路，我們遭遇了第一個檢查站。穿深色棉服的警察打著手電筒審視我們的身分證：「還有一個藏族？藏族下車！有沒有進藏許可證明？沒有的話，不能進藏！」

我是與我先生、兩位拍紀錄片的朋友駕車去拉薩的。他們三人是漢人，我是藏人，我的「中華人民共和國居民身分證」上寫著：「民族：藏」，就是這樣。

檢查站周圍堆砌著各種障礙物。我有意說：「我不是從『四大藏區』來的。」這是因為五月的一天，兩位在拉薩打工的外地藏人，在軍警、遊客及信眾最為密集的大昭寺與八廓街派出所之間自焚，使得近年來藏人自焚人數升至三十九人。這是抗議中國政府、獻祭西藏民族所做出的前所未有的個體行動，其地點從藏地邊緣延伸至腹心。西藏自治區下發緊急通知，要求「四大藏區」，即位於四川、青海、甘肅、雲南四省的藏人，需憑當地縣公安局開具的

證明才能進入拉薩。這之後又有十四位藏人自焚，包括拉薩附近的一位牧民。

「所有的藏族都得有這個證明。」警察其實是藏人，年輕，很疲憊的樣子。一旁的漢人武警趴在桌上昏昏欲睡。

進藏許可證明包括哪些內容？警察指了指警車上貼的告示，允許抄錄，以便照此辦理。這反倒成了證據，不然可能會有人質疑：「什麼？藏人回家需要辦許可證？」是的，原文如下：

和本人相符的基本情況、姓名、性別、身分證號碼、前往西藏的目的地及進藏事由、進藏後擬居住的地點及在藏活動的時間，進藏人員有無違法犯罪紀錄，本人不從事違法犯罪活動及擔保情況，開具證明的公安機關、聯絡人和聯繫方式。

我沒有「進藏許可證明」，卻屬於黨的十八大召開之前必須離開帝都的異見者，北京的「維穩」任務顯然高於

拉薩的「維穩」任務，儘管在格爾木羈留了八個小時，頗費了一番周折去「溝通」，終得以放行。

　　長達近兩千公里的青藏公路上，除了不時與相鄰的青藏鐵路上滿載中國各地遊客的列車錯過，還不時遇見騎著自行車奔向拉薩的中國各地男女青年，他們自由自在，鮮豔奪目，僅憑一張身分證就可以走遍處處設防的藏地，但再也看不見磕著長頭去拉薩朝聖的藏人了。想起幾年前，就在這條路上，幾百個邊地藏人浩浩蕩蕩地磕著長頭，正值大雪紛飛，開車的同族友人突然嚎啕：「我們只剩下這點自由了。」

　　拉薩是朝聖的終點，以磕長頭的方式表達虔誠信仰的藏人，原本可以在此處得到慰藉，如今卻被拒之門外。事實上，在整個藏地，以民族劃分的「維穩」政策並非今日才有，對漢人優待有加並賦予表象的信任，使之擁有優越感及趨同感，卻對藏人不斷高壓，權利盡皆剝奪，這不但是變相的「種族隔離」政策，也是造成族群對立、族群分裂的催化劑。至於未來，會有一笑泯恩仇的未來嗎？會有

獻給松底嘉，年僅十八歲，一個孩子的父親。他在拉卜讓地區桑曲宗博拉鄉（甘肅省甘南藏族自治州夏河縣博拉鄉）自焚。網路上流傳著一張他騎著馬的照片，身後是一片蔥綠的草原。

昨天，夕陽下的天空
遍布著彩虹般絢麗的雲朵。
透過雲朵的邊緣，
閃耀著金色的陽光。
你騎著你的白駿馬走向天國，
在諸佛加持的光芒之地。

一個穩定的、大一統的未來嗎？對此，我報以深深的懷疑。

我曾與安多、衛藏和康區的藏人討論過一個重要的話題：二〇〇八年，藏人應不應該抗議？有意見認為，抗議帶來了嚴酷鎮壓及更為強硬的政策調整，以至於之前獲得的一點空間又迅速縮小。而我們認為這結果與抗議無關，只不過是將煮青蛙的溫水換成了滾燙的開水。二〇〇八年的群體抗議將一句凝聚人心的口號傳遍藏地：藏人休戚與共。始於二〇〇九年的自焚，則表明藏人以自我犧牲的方式繼續慘烈的抗爭。迄今五十六位自焚藏人在火焰中發出的絕命吶喊，一是要求尊者達賴喇嘛回到西藏，二是要求西藏得到自由。牧人的兒子朗卓在自焚前寫下的遺書中痛訴「無法在其惡法下續留，無法容忍沒有傷痕的折磨」，沒有一個真正的藏人不希望西藏是自主的。

需要補充的是，布滿軍警的檢查站在青藏公路上有十多個，在川藏公路等進藏道路上也數目相仿。兩周後，我們離開了連寺院和公園都設置安檢門、卻被 CCTV 宣布為「幸福城市」的拉薩，經昌都地區類烏齊縣甲桑卡鄉檢查

站，至青海藏區，聽說七月間，一位名叫白瑪諾布的僧人，因帶有尊者達賴喇嘛講授佛法的光碟和書籍，就在這個檢查站被警察打死了。

二〇一二年九月十七日，拉薩

「坐上了火車去拉薩……」

青藏鐵路的列車上充滿了從中國各地去西藏旅遊的遊客，一首唱了好幾年的歌兒還在唱「坐上了火車去拉薩」。一位籍貫湖北的公務員略帶不安地問我：「拉薩的治安怎麼樣？」「對於你們來說，很安全。」我有意強調了「你們」。鄰座幾個說地道北京話的年輕人注意地聽著，並問原因。「滿街都是軍警和便衣。」我答道。

公務員是個明白人，就說：「藏族人是不是覺得很彆扭？」

一個年輕人則嚷道：「是不是跟個別藏族人自焚有關啊？」

看來還是有人聽說過藏人自焚，儘管黨的高音喇叭對此很少提及，黨的各級組織也不允許民眾公開談論。

我看著他們，像看著另一個陌生國度的人們：「不是個別，已經有五十多位藏人自焚了，整個藏區都有，流亡者中也有。」

「他們為什麼要自焚？」有人隨口問道，但也有人立即縮回身子，掉頭看著窗外的風景。

我感覺到語言的障礙，雖然我們說的都是漢語。我思忖，自焚並不是世人鮮見的悲慘事件，但對於另一種文化的人們來說，可能更容易理解為個人的利益去這麼做，卻難以理解有這麼多人為民族的利益去這麼做。不過我還是願意多說幾句，比如，給他們介紹一下在自焚藏人當中，有些人留下的遺言。

似乎沒有人願意再聽下去了。畢竟進藏旅遊是許多中國人的夢想，儘管如今各種交通很便利，但攢個十來天的年假實在是意猶未盡，他們恨不得在每一個景點都寫下「某某到此一遊」的字跡。他們的心思都在沿途風景以及旅行社推薦的「西藏景點」，並不關心生活與景點無關的當地人，如自焚的藏人。

佛陀開示眾生平等，但現實中天壤之別的不同恰恰在於民族的不同。當滿載眾生的列車抵達拉薩火車站，除了十來個藏人被武警扣下（他用一個類似於刷銀行卡的小機

器來刷身分證，當我把身分證遞給他，聽到他大聲說：「唯色，留下」），其他不是藏人的乘客都無比順利地、非常興奮地奔向了拉薩各處，即便是被高山反應折磨的人，也變得有精神了。

那麼，被扣下的藏人怎麼辦呢？都被帶往了附近的火車站派出所。我不禁想起年初因為去印度參加尊者達賴喇嘛主持的法會，拉薩有許多人被關在各個「學習班」裡洗腦，而當時他們被警察從家中或者歸家途中帶走時，心情是否與我一樣緊張呢？

兩個來自青海海南的中年藏人因為沒有「進藏許可證明」，將在第二天被遣返回家。同樣是藏人的警察並不理會兩人的哀求，一遍遍強調：開具「進藏許可證明」的公安機關必須是縣級以上。好笑的是，有個長相漢化的女青年辯解自己是「假藏族」，警察驚訝，問其原因，說考學校時為了占少數民族的便宜，就把漢族改成了藏族，「現在麻煩大了」，她後悔不迭。

凡持有「進藏許可證明」的藏人，身分證被複印，並

被填寫在拉薩的住址、事由以及本人身分，還得自己填寫名字並按上血紅的手印。我雖沒有「進藏許可證明」，但因屬於在黨的十八大召開之前必須離開北京的特殊人員，所以也履行了這個手續。

當我與兩個獲准進入拉薩的安多青年一起走出派出所，他倆歎道：「身為藏人，卻這麼難進拉薩。」聲音就哽咽了。

二〇一二年九月十日，拉薩

去自焚藏地採訪的外媒

一個寒冷的下午，北京的空氣一如既往的糟糕。我們坐在某個咖啡館的一角，話題始終圍繞著冰天雪地的雪域高原。我們的眼前是燃燒的火焰，我們的耳畔是火焰中傳來的藏語吶喊，我們的心，交織著敬意、同情與哀傷，而我更多一層血肉相關的痛。因為那一個個以身浴火的人，是我的同胞。

與我交談的是法國《世界報》的記者和他的朋友。他們是前一天晚上回到北京的。在那之前，整整四天，他們去了安朵桑曲和祿曲，在中國行政區劃上，是甘肅省甘南藏族自治州夏河縣和祿曲縣。他們急切地告訴我，他們探訪了三位自焚藏人的家鄉，而這三位自焚藏人都是在今年十一月自焚的。

《世界報》的記者展開地圖，指點著被打上記號的阿木去乎鄉、桑科鄉和阿拉鄉，講述著在這些布滿警車和幹部的偏僻鄉村晝伏夜行的經歷，他們儘管是不請自來的陌

獻給仁青和索南達傑

他們於二〇一三年二月十九日在安多地區左格降扎地方（四川阿壩州若爾蓋縣降扎鄉）同時自焚。仁青十七歲，索南達傑十九歲。

如此年輕的生命，前頭還有未知的廣闊未來，然而，你們卻決意為了他人和你們祖國的未來奉獻你們的生命。
願你們的精神在生者的心中不斷生長，在你們祖國的土地上生生不息。

生人，卻得到一個個牧民冒險相助，悄悄地被帶到自焚藏人的家裡，費力地訴說越發艱難的處境。

是的，這麼做非常危險。兩個月前，甘南州公安局發布藏、漢文兩種文字的通告，要求舉報自焚事件的「幕後黑手」、舉報自焚線索，許諾會重金獎賞。此通告貼滿甘南州一市七縣的城鎮和鄉村。當局甚至每天發一個同樣的手機短信，聲明舉報獎賞五萬到二十萬元。許多村莊的路口以及寺院都被安裝了監視器，從各個單位抽調的幹部輪番值班，晝夜坐在引擎始終運轉的車裡，監視有無藏人自焚。諷刺的是，通告貼出之前，甘南州七個月內六位藏人自焚；通告貼出之後，短短一個多月內，甘南州連續十四位藏人自焚。

被祕密逮捕的藏人越來越多。十一月二十六日在丁古寺大殿前自焚犧牲的祿曲縣阿拉鄉牧民貢保才讓，祖父和父親在他自焚十天後被安全局抓走，至今仍無音訊。甚至，一位藏人自焚時，一旁目睹的女子也被安全局抓走。但即便是如此的「紅色恐怖」，還是有許多藏人探訪自焚同胞

的家人，捐款捐物，表達崇敬。夏河縣桑科鄉自焚的兩位藏人中，有一位家境非常貧窮，只有四頭犛牛、十幾頭羊。給他家捐的錢達到十幾萬元，但他的母親把錢都捐給了寺院和學校。而他的兩個幼小孩子，他的母親說要靠自己的勞動來養大。

這都是《世界報》的記者祕密走訪自焚藏地，瞭解到的第一手有關藏人自焚的情況，無疑非常重要。事實上，歷盡艱難去自焚藏地採訪的外媒，還有法國《解放報》（*Liberation*）與法國《新觀察家》（*Le Nouvel Observateur*）周刊、美聯社、美國《時代周刊》、澳洲 ABC 電視台等。我見過法國《解放報》與法國《新觀察家》周刊的記者，他們兩度去安多熱貢，都各有翔實報導和珍貴照片。第一次是今年四月去了自焚藏人索南達傑的家鄉。第二次是今年十一月底去了自焚藏人當增卓瑪的家鄉，原本還想去另一位自焚藏人的家鄉，卻被村口的拿槍便衣驅逐。

一次比一次困難。在中國政府嚴密封鎖全藏區的事實面前，這些外媒為了去鐵網下的藏地瞭解藏人自焚的情

況，已經是竭盡全力。

　　然而，有美國身分的漢人作家丁一夫，最近在解釋他為什麼「在藏人自焚問題上……保持沉默」的文章中說：「沉默首先來自於媒體。至今為止，全世界還沒有一家媒體到達任何一起自焚的現場，沒有一個記者採訪過任何一個自焚者的家庭和朋友，沒有發出過一篇有關自焚者的詳細報導。」還理直氣壯地說：「我想問一問，為什麼全世界媒體都集體失去行動力了？」

　　這樣的指責是不屬實的，也是不負責任的。

　　　　　　　　　　二〇一二年十二月二十日，北京

記自焚的阿木去乎牧人才讓扎西

　　兩天前，一月十二日，從寒冬的雪域高原，傳來一位
年輕牧人自焚犧牲的悲痛消息。

　　他的名字是才讓扎西（Tsering Tashi），二十二歲，安
多阿木去乎人。在近年來前仆後繼的上百位自焚藏人中，
他是二〇一三年第一位焚身烈士。

　　阿木去乎（ཨ་མ་ཆོག），一說得名於所轄地勢仿若耳廓，
一說意為尊奉佛法僧三寶，在圖伯特（西藏）的歷史上及
現實中是很著名的。

　　如今的行政區劃，阿木去乎僅為甘肅省甘南藏族自治
州夏河縣的一個鎮，下轄十個村莊。但在歷史上，阿木去
乎為相當大的遊牧部落，由阿木去乎上八部和阿木去乎下
八部組成，區域廣大，牧人眾多，並以阿木去乎寺院最為
著名，屬於格魯派大寺拉卜楞寺的屬寺。但在一九五〇年
代，阿木去乎所有部落在與中共軍隊的頑強戰鬥中，遭到
幾乎被滅絕的鎮壓。

西藏火鳳凰

出生於阿木去乎部落的扎益仁波切丹增華白爾著述的重要紀錄《我故鄉的悲慘史》，對此有沉痛記載，稱其為「慘無人道的大屠殺」。

　　而在中共相關敘述中，則是以勝利者、占領者的口吻，洋洋得意地炫耀當年戰事，跨度從一九五〇年至一九五八年，一概被冠名「叛亂」，如「阿木去乎叛亂」、「阿木去乎事件」。中共對「騎馬揮刀」或「帶槍」的反抗牧民，動用的是步兵、騎兵，甚至空軍進行「平叛」。隨手從網上摘錄對其中一次戰事的敘述：「在一九五八年……甘南軍分區於四月二日集中騎兵一、三團（欠一個連）又一個步兵連，選準阿木去乎叛匪作為合圍攻擊目標……一舉殲敵一千五百餘人」；「一九五八年……四月二日……空軍獨立第四團出動杜－四型轟炸機……飛臨阿木去乎，配合地面部隊發動總攻」。

　　我曾寫過：「我在與安多族人談及過往現今時，無論老人還是年輕人，總會提及『阿居阿皆』（一九五八年的意思）或『阿皆』（五八年的簡稱）。一九五八年前後，

中國軍隊和政權在整個圖伯特，尤其是安多造成波及到每一戶藏人家庭的災難，深深刻在藏人的記憶裡。甚至，連文化大革命也被說成『阿皆』。『阿皆』是所謂的『解放』之後一切災難的集合。」

事實上，被當作「叛匪」鎮壓的牧民，僅僅依憑刀及簡單的步槍，別無更多更具殺傷力的武器，在整個五〇年代從未停止過戰鬥，哪怕幾乎被滅絕。所以，有藏人在去年的推特上寫道：「當年阿木去乎跟共匪的激烈交戰是甘南圖伯特的自豪！」

而在二〇〇八年被世人關注的西藏抗議中——我稱其為「鼠年雪獅吼」，因為這年是中國農曆的鼠年，而雪獅是圖伯特要求自由的象徵——阿木去乎藏人的抗議是突出的。如今在關於當時抗議的影像中，有一段被外媒記者拍到的片斷，成為「鼠年雪獅吼」的標誌之一。畫面上，藏人們或騎馬或奔跑，發出傳統的呼嘯聲，撒著印有經文的紙片，在塵土飛揚中勇敢地衝向前方；還有一個畫面是，穿羊皮襖的藏人們聚集鄉政府，幾個青年被眾人高高舉

起，將旗杆上的中國國旗取下、扔地、撕爛，再升起了自己繪製的雪山獅子旗。

而從二〇〇九年以來，以自焚的方式延續遭到當局鎮壓的抗議風暴中，全藏地境內有九十九位藏人以身浴火。僅甘肅省甘南藏族自治州，就有二十一位藏人自焚，除了一位女中學生、一位在拉薩打工的青年，其餘全都是牧民。而在甘南藏族自治州夏河縣，就有十一位牧民自焚。而在夏河縣阿木去乎鎮，就有四位牧民自焚。

事實上，依照傳統部落的轄屬而言，二十一位自焚的甘南州藏人中，至少有十六人都是傳統的阿木去乎部落的牧人，都是一九五〇年代被當作「叛匪」遭屠戮的倖存者的後人。其中，六十一歲的頓珠（Dhondup）是去年十月二十二日在拉卜楞寺自焚的犧牲者，他留下這樣的遺言：

拉卜楞寺僧人和當地年輕藏人不要選擇自焚，要留住生命，為民族未來事業做出努力和貢獻。我和老一代人在一九五八年和一九五九年期間，曾遭受中共政府的迫害和

折磨，因此，我和其他年事已高的老一代人才應該選擇自焚。

　　由此遺言，可見飽含血淚的集體記憶，至今依然銘刻在藏人心中，且由倖存者口耳相傳，銘刻在後人心中。這才是真相，全然不是占領者高分貝渲染的已獲得「解放」，從此過上「幸福生活」的那種假象。

　　讓我盡我所知，略述烈士才讓扎西的事蹟吧。

　　他是安朵桑曲（甘肅省甘南藏族自治州夏河縣）阿木去乎鎮吉昂村的牧民，二十二歲，大家都叫他才貝。二〇一三年一月十二日一早，他穿上乾淨的傳統藏袍，放牧犛牛去食草。但中午時分，他用鐵絲纏身，獨自去往鎮上。而家人並不知道他的舉意與行動。

　　阿木去乎鎮是藏區常見的那種簡陋的鄉鎮，道路連柏油都沒有鋪。無人知道才讓扎西是怎麼往身上傾倒的汽油，纏緊的鐵絲只會使浸透汽油的衣袍燃燒更猛。而他就在黃土路上點燃了自己，不停地呼喊著「嘉瓦丹增嘉措，

嘉瓦丹增嘉措」，這是藏語對達賴喇嘛的尊稱。

幾分鐘後，他倒下了。軍警趕來，試圖搶走他的遺體，但被藏人們阻攔，他們圍著才讓扎西的遺體，不讓軍警靠近一步。他們誦念著祈禱的經文，火焰仍在那焦黑的身軀上燃著。

藏人們抬起他的遺體，走過拿著武器的軍警，將他送回家中。鄉親與僧侶們都帶著哈達來了，為他舉行了最後泣別的超度祈福法會。官員和公安的車輛很快抵達，他們勒令才讓扎西心碎的家人立即將他火葬。一個官員甚至用拳頭捶打著桌子吼道：「你們這家人與『達賴分裂集團』有著密切的聯繫。」

更多的警察擋住了村口，以阻攔鄰村的藏人來弔唁。考慮到全家和整個村莊的安全，才讓扎西的父親答應當晚就火葬。才讓扎西的母親昏厥過去，被送進了醫院。就這樣，在寒冷的深夜裡，在比寒夜更冷酷的軍警的監視下，才讓扎西的遺骸重又被烈火焚燒，完成了徹底的供奉。

認識才讓扎西的藏人，都說他是個性情好、有禮貌的

善良青年，而且，像真正的牧人，他喜歡馬，對賽馬有著由衷的熱情。

才讓扎西的父親名叫都嘎嘉（Dukar Kyab），母親名叫才讓卓瑪（Tsering Dolma），除了兩個姐姐，他是家中唯一的兒子。他已成婚，妻子名叫玉措吉（Yumtso Kyi）。他還是「美國之音」（VOA）藏語部記者、電視節目主持人才讓吉（Tsering Kyi）的侄子。

因為小時候在一起生活，才讓扎西把才讓吉叫作姐姐。在推特上，才讓吉這樣寫道：

> 哥哥的唯一兒子今天中午二點左右自焚而死亡！我離開家鄉的那年他剛到八歲。我離開後他也退學了。前幾天在電話中他還說：「姐姐，每次電視上看到妳的時候，妳只有幾件藏裝啊！要不要給妳送過去啊。」那是我們最後的對話。全家特別疼愛他！哥哥說今天早上還高高興興地去放牛了！誰知道就這樣走了。
>
> 一直報導自焚事件的時候每次都很痛苦，也有幾次忘

記記者的身分去呼喚結束自焚的行為。沒有想到會發生在自己的身上。哥哥就有這麼個兒子，是全家的小王子。所有自焚者家人的痛苦這次才真真的體會到⋯⋯

　　於我而言，除了向眾多的焚身烈士深深地頂禮，除了以撰寫的方式記錄並傳播，很難有更多的語言能夠表白。

　　　　　　　　　　　　二〇一三年一月十四日，北京

在加德滿都自焚犧牲的竹澤朱古，遺體將歸何處？

　　竹澤，又名竹欽澤仁（Drupchen Tsering），圖伯特色達牧區（四川省甘孜藏族自治州色達縣）甲修寺仁波切（朱古，依康藏人習慣，尊稱他為竹澤朱古），二十五歲。

　　二〇一三年二月十三日（藏曆新年初三，傳統的煨桑日；也是星期三，神聖的「拉嘎」日），百年前的這天，十三世達賴喇嘛結束在印度流亡的日子，重返拉薩並發布詔示，宣布西藏恢復獨立。而這天上午八點多，竹澤朱古在尼泊爾首都加德滿都博拿佛塔轉經街道上點火自焚，據說他呼喊了「祈願尊者達賴喇嘛永久住世」和「西藏獨立」等口號，尼泊爾警察趕來滅火，並將他送往加德滿都特里布萬大學醫院搶救，但因燒傷嚴重，於二月十四日晚上十點三十分犧牲。

　　竹澤朱古的父親是甲修寺第十四代住持、四十八歲的桑昂丹珍仁波切，母親名叫次拉。他的祖父、已經圓寂的

四朗朗加仁波切曾有八年的文革勞改生涯。而竹澤朱古本人曾在二〇一一年七月被中國當局拘捕七個月，在獄中遭受酷刑，全身傷痕累累。

據悉，竹澤朱古是自焚前十多天到達加德滿都的，住在西藏難民接待站，在難民接待站登記的名字是龍多丹增。期間他曾與接待站的人去朝拜加德滿都附近二十多座佛教寺院，每到一座佛寺都捐一百盧比，而對所有的僧人，無論年紀大小，都捐了五盧比。並且，他磕了許多等身長頭。

他曾表示自己未能為藏民族做過一件有意義的事，一定會盡全力達成願望。並在自焚之前用微信告訴跟他同屋的朋友，說自己床下有六千尼泊爾盧比，希望供奉給尊者達賴喇嘛。這應該是他的遺言。

竹澤朱古自焚犧牲後，作為有著宗教信仰傳統的尼泊爾應該瞭解死者所需要的宗教安慰，然而受到中國政府的壓力，尼泊爾當局卻扣留他的遺體，截至今日已整整十五天，仍未將他的遺體交與在尼泊爾的流亡藏人社區，依照

獻給竹澤和安多阿垻恰關底寺僧人泊桑朗傑

竹澤於二〇一三年二月十三日在尼泊爾加德滿都博大哈佛塔附近自焚。同一天得到了洛桑朗傑自焚的消息。他於二月三日自焚,當場犧牲。中國軍警當即帶走了他的遺體,只是將骨灰交還他的家人。我將他們畫在青山碧水環抱的山崗上,以此作為我的祈禱。

有著藏傳佛教信仰的傳統西藏葬俗來處理。據報導，尼泊爾當局提出條件：第一、如果自焚藏人竹澤的父母、兄弟或有血緣關係的親屬前來領取，可以把遺體交給親屬；第二，要透過尼泊爾官方與中國官方之間的協商，來處理自焚者遺體；第三，如果在三十·五天內，仍未能通過上述兩條來處理遺體，尼泊爾當局有權採取任何處置措施。

　　然而竹澤朱古的親人在境內藏地生活，被中國政府控制，絕無可能赴尼泊爾領取被中國政府定性為「自焚屬於違法犯罪」的竹澤朱古的遺體。那麼，怎麼辦？是交給中國駐尼泊爾大使館嗎？在沒有履行傳統西藏葬俗的情況下草草火化了事？還是被更為惡劣地處理？

　　竹澤朱古的遺體被各種政治左右，變成了麻煩製造者，最終將歸何處？念及此，悲哀不已……

　　　　　　　　　　二〇一三年二月二十八日，北京

從火焰中走向拉薩的藏人們

　　十二月三日下午，在安多阿壩（四川省阿壩藏族羌族自治州阿壩縣），三十歲的牧民貢確才旦在麥爾瑪鄉政府前自焚，之後在被軍警帶往州府馬爾康縣的途中犧牲。十二月十九日下午，在安多桑曲（甘肅省甘南藏族自治州夏河縣），四十二歲的僧人次成嘉措在阿木去乎鎮自焚，當場犧牲。

　　貢確才旦與次成嘉措的自焚，使得二〇〇九年以來的自焚藏人人數升至一百二十九人（其中境內藏地一百二十四人，境外五人）。而二〇一三年一至十二月，已發生二十八起自焚（境內藏地二十六起，境外兩起）。目前我們已知的有一百一十人犧牲，包括在境內藏地犧牲的一百零七人，在境外犧牲的三人。這都是令人震驚的數字，因為關涉的是一個個活生生的生命。

　　想起上個月我將要離開拉薩時，無論去寺院朝佛，還是繞帕廓轉經，常遇到不少來自安多和康區的藏人，有

老有少，有男有女。在經歷了數百個被禁止進入拉薩的嚴酷日子之後，他們終於能夠來拉薩朝聖了，雖然他們在進入拉薩之前必須接受盤查，並用身分證換得一張只是在拉薩期間使用的證件，而在進入拉薩之後必須住在指定的旅店，且在公共場合經常被搜身、盤問等等，但他們終於能見到供奉在大昭寺的覺仁波切（釋迦牟尼佛像）了，終於能面朝布達拉宮合十祈禱了，終於能沿著每一條轉經路磕等身長頭了。

我總是會攔住他們，問他們來自何處，而他們說的都是有藏人自焚的地方，而他們大都與自焚的族人年紀相仿，神情也相似，看著他們就像是看見了自焚者的親人。我在推特上與藝術家艾未未說起這些遠道而來的藏人，艾未未感歎道：「這些從火焰中走出的人們，他們要去哪裡呢？哪裡可以撫慰他們的心情？……不知道如何可以安慰他們……」原本拉薩可以撫慰他們痛苦的內心，可是在布滿大街小巷的安檢門、警務站，他們被搜身、被查看手機，被索要暫住證，而他們不得不接受擺布的樣子令人心碎。

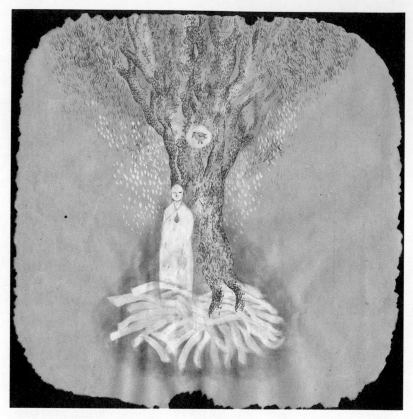

獻給貢確丹增

二十八歲，他是來自圖伯特安多地區祿曲縣毛日寺的僧人，於二〇一三年
三月二十六日自焚。

同你的肖像照片一同出現在網上的還有一張毛日寺的照片，能看到群山環
抱中的寺院周圍有很多乾枯的樹木。
你的臉龐神采奕奕，讓我想到一棵正在成長的年輕的樹木。
一位朋友曾經送給我一張樹齡高達兩千五百年的圖伯特柏樹的照片，柏樹
也叫「太陽樹」。
我希望你會在我們的心中活得像那棵樹一樣長久，像這棵大樹一樣祝福和
護佑你的土地和你的人民。

前不久，拉薩的公安部門給各旅館下發通知，明確寫著：「……需要申報的人員登記流程：驗證客人的證件－申報－公安機關核實－登記－上傳－入住－離開－登記離開時間－平台上登記退房時間，凡申報對象（區內：昌都、那曲東三縣比如縣、索縣、巴青縣；區外：青海、甘肅、雲南、四川、新疆籍漢族之外的）臨時來拉薩朝佛、探親、治病、旅遊、出差、購物等五省藏區人員及新疆籍人員（漢族之外）必須驗證，登記後十分鐘內向派出所進行申報（申報電話：六八二三八〇九），派出所在十分鐘內核實落（實）責任後方可入住登記、上傳。凡違反存在未申報、一證登記多人、未按規定登記、無證入住、本人登記他人入住、過期證件入住等問題的，依照有關法律法規，堅決從嚴從重處罰，造成嚴重後果的，堅決予以取締。」

聽說在召集各旅館開會時，拉薩公安以去年五月二十七日，兩個安多青年在大昭寺與八廓街派出所之間的帕廓轉經路自焚為例，警告各旅館必須密切注意、及時申報來投宿的外地藏人，如果其中有人自焚，拉薩公安惡狠狠地

說：「那就是『滿齋飯店』的下場，讓你們傾家蕩產、家破人亡。」這句話被說成是「八個字」流傳拉薩。

　　與大昭寺南面相對的「滿齋飯店」，正是兩個安多青年在自焚前投宿的旅館，遭當局遷怒，不但將開飯店的老闆夫婦與門口的保安抓捕，還沒收了全部財產，將其改設為「拉薩市八廓古城管理委員會」，八廓派出所也立即升級為「八廓古城公安局」，拉薩老城則被命名為「八廓古城」，藉此開始了轟轟烈烈的大規模老城改建，其實是一石二鳥，更有「維穩」的目的和安排。

　　　　　　　　　　　　　　二〇一三年十二月，拉薩

熾焰燃燒的阿壩

　　正如格德仁波切於二〇一一年底在美國國會所做的報告指出:「對整個藏區,尤其是最近與我有著特殊關係的安多阿壩地區,中共實施了錯誤的高壓政策……這長達三代人的創傷是無法癒合的。」

　　作為在境內全藏擁有二十餘座直屬分寺的格魯派大寺——格爾登寺的寺主,以及境內、外所有格爾登寺的最高精神領袖,格德仁波切所強調的三代藏人的苦難,包括一九三五年中共紅軍長征經過阿壩地區時,搶掠寺院,屠戮僧俗,朱德甚至率軍住進格爾登寺大殿,損毀佛像等;一九五八年中共在阿壩地區搞「民主改革」,一九六六年搞文化大革命,致使當地一個寺院都沒有留下,成千上萬的藏人被抓被殺,礦產和森林資源被掠奪性開採;而一九九八年開展的且延續至今、越發猛烈的「愛國愛教運動」,更是點燃藏人焚身抗議之火的主因。

　　中國行政區劃裡的「阿壩縣」是安多阿壩地區的中

心，既是純牧區，也是信仰虔敬之地。全縣共有四十二座藏傳佛教各教派寺院，七萬多藏人的主要群體是牧民和僧侶。西藏境內自焚抗議運動的第一人是格爾登寺僧人扎白，迄今一百三十三位自焚者中以阿壩縣最多，有三十六位藏人男女僧俗相繼自焚：其中包括二十位僧人、十三位牧民、兩位尼師、一位在拉薩的打工者。

阿壩熾焰燃燒，與二〇〇八年三月十六日的街頭抗議被鎮壓有關。當天，因當局強迫在格爾登寺大經堂頂懸掛中國國旗，引發數千僧侶與民眾抗議遊行，結果有二十多人在軍警屠殺中命喪街頭，包括孕婦、五歲的孩子和十六歲的女中學生。這個被鮮血浸透的日子因此被稱為「阿壩屠殺日」。而隔年發生的第一起自焚，正是因紀念「三·一六」遇難者的祈禱法會遭當局取消而導致。

自扎白之後，二〇一一年、二〇一二年、二〇一三年的三月十六日，格爾登寺僧人洛桑彭措、洛桑次成、洛桑妥美相繼自焚犧牲。而今年的三月十六日，格爾登寺僧人洛桑華旦正是在扎白自焚之處點火的，也即被稱為「英雄

獻給彭毛頓珠和二十七歲的才松加

彭毛頓珠於二〇一三年二月二十四日在圖伯特東部亞孜（青海省海東地區化隆回族自治縣）夏瓊寺附近自焚。

才松加於二〇一三年二月二十五日在圖伯特東部祿曲（甘肅省甘南藏族自治州祿曲縣）西倉寺附近自焚，和在二〇一二年十二月八日犧牲的他的表弟白瑪多傑在同一地點。

和平就像空氣。一旦失去，你便無法呼吸，自由和愛也是一樣，若沒有，你就如同生活在囚籠之中。

街」的洽唐街，已有十多位藏人在這條街上以身浴火。

　　阿壩熾焰燃燒，更與一直以來不斷加重的壓迫有關。兩年前，在中國網站「網易論壇」上有一篇帖子，名為「一個藏族黨員的公開信」，很快即被刪除。是以當地藏族黨員的身分，向上級領導告狀的方式，揭露二〇〇七年至二〇一二年任阿壩州州委書記的侍俊，「他一到阿壩就帶來了天災與人禍」。「有人說他是『魔主』，為使自己升官，把小事搞大，好撈功勞，把寺廟護法神殿中的爛槍鏽刀（千百年來藏區有放下屠刀把刀槍交給寺院表示不再作惡的習俗）論為反共藏獨用具。」但告狀顯然無用，因為侍俊已升任四川省省長助理、四川省公安廳廳長。

　　公開信還提到了阿壩州藏人自焚越來越多，可是「沒有原則和沒有感情的非藏幹部對州裡的敏感事件的反應是『燒光才好』、『全部槍斃』之類」。公開信點名批評負責阿壩縣維穩工作的兩個漢人官員：副州長嚴春風和恪爾登寺管理處處長劉峰，稱他們若「繼續粗造（糙）行事，阿壩難以安寧，寺廟難以祥和」。

阿壩熾焰燃燒，還與阿壩地區的僧俗民眾具有崇高的勇氣和承擔有關，體現了藏民族的精神力量，是一種透過捍衛尊嚴、分擔痛苦、鼓舞勇氣、表達聲援、類似涅槃的自我昇華。正如牧民卡央的遺言：「自己能夠為西藏民族獻身而感到心滿意足，絕不後悔，因此，大家不要為我難過。」正如最近自焚犧牲的格爾登寺僧人洛桑華旦的遺言：「要常求有利別人，不求有利自己，因為幸福的根源是有利他人及團結一致。」

　　而且，無論是三十六位阿壩自焚藏人，無論是一百三十三位境內、外自焚藏人，皆都遵循尊者達賴喇嘛關於非暴力的開示，以燃燒的個體生命表達了最強烈的政治抗議。

二〇一四年三月十八日，成都

焚身火焰輝映自由公投

　　正如好萊塢有關蘇格蘭獨立英雄威廉·華萊士（William Wallace）事蹟的著名電影《勇敢的心》（*Braveheart*，台灣譯作《英雄本色》），華萊士拚盡生命最後一口氣大聲呼喊「自由」，震撼無數人心，九月十八日的蘇格蘭獨立公投被讚譽為：「蘇格蘭『勇敢的心』延續了七百年！」

　　這也讓我想起色拉寺一位被驅逐的安多籍僧人曾跟我講過，二〇〇八年四月的一個深夜，他剛從電腦上看罷譯成安多方言的電影《勇敢的心》，突然持槍軍警闖入，殘酷的現實與電影中失去自由的蘇格蘭如此相似，被當眾處以絞刑的華萊士犧牲前呼喊「freedom」的聲音回響著，給他增添了勇氣，讓他在離開僧舍之前，仔細地穿好袈裟，以一個僧人的威儀走入軍警之中⋯⋯

　　就在蘇格蘭獨立公投的前一天，九月十七日夜裡，在安多黑措（甘肅省甘南藏族自治州合作市）的公安局

獻給魯布嘉，十九歲，圖伯特安多地區熱貢多哇人（青海省黃南藏族
自治州同仁縣多哇鄉）。
獻給丹知傑，二十三歲，圖伯特安多地區祿曲縣（甘肅省甘南藏族自
治州祿曲縣）牧民。

一頭白犛牛和一條白色的船，
帶你渡過一條潔淨的河流，
我們為你獻上五穀和香茶，
我們為你獻上油燈和祈禱，
伴隨你安然駛向來生，
那裡光明一片……

前，來自夏河縣博拉鄉牧民家庭的拉莫扎西，這位在合作市專科學校就讀的二十二歲學生點火自焚，當場犧牲。這是繼今年四月十五日，在康道塢（四川省甘孜藏族自治州道孚縣），三十二歲農民赤勒朗加在孔色鄉自焚犧牲之後的又一起自焚抗議事件。從二〇〇九年二月二十七日至二〇一四年九月十七日，在境內藏地有一百三十一位藏人自焚，在境外有五位流亡藏人自焚，共一百三十六位藏人自焚，包括二十位女性。其中，我們所知道的，已有一百一十六人犧牲，包括境內藏地一百一十三人，境外三人。

這是令人悲傷的數字。時隔五個月後又一次發生的自焚抗議，正是舉世矚目的蘇格蘭獨立公投前夕，尚無法判斷是否與其有關。然而，時間的巧合無法不讓人聯想其中關係。二〇〇九年迄今的一百三十六位自焚藏人中，於二〇一二年四月十九日自焚犧牲的壤塘學生曲帕嘉和索南，自焚前用手機錄音了遺囑，其中說道：「我們是為了藏民族沒有基本人權的痛苦和實現世界和平而點火自焚的，我

們藏民族沒有最基本人權的痛苦，比我倆自焚的痛苦還要大……我倆志同道合地為了藏民族得到自由、佛法昌盛和眾生能夠獲得幸福，以及世界和平而點火自焚的。」

在迄今為止所能找到的、已經公布的自焚藏人的遺言中，「自由」這個詞彙可能是出現最多的。而每位自焚藏人在自焚時竭力吶喊最多的，也包括「西藏需要自由」。那麼，自由是什麼？

蘇格蘭從屬於英國已經長達三百零七年了，蘇格蘭所擁有的自治權已經是「高度自治」了，然而還是發生了蘇格蘭獨立公投這一具有歷史意義的大事。自由究竟是什麼？除了二次世界大戰中，美國羅斯福總統提出的最起碼的「四大自由」——即：言論自由、信仰自由、免於匱乏之自由、免於恐懼之自由——之外，還有著怎樣的意義？

批判極權主義的英國作家喬治・奧威爾（George Orwell）在名著《一九八四》中，寫男主角擔心「到最後，黨可以宣布，二加二等於五，你就不得不相信它」，因此他認為：「所謂自由就是可以說二加二等於四的自由。承

認這一點，其他一切就迎刃而解。」這句話對自由的定義雖簡單，卻揭示了其本質，即事實與坦然說出事實，而非以謊言替代事實。

二〇一四年十月一日，拉薩

請記住去年自焚抗議的十一位藏人

在剛剛過去的二〇一四年，有十一位藏人以燃燒自己肉體的方式，表達了決絕的抗議與迫切的願望，這是我們作為同胞、作為人類必須銘記的。

這十一位自焚者都是西藏境內的藏人，包括四位牧民、四位僧尼、一位農民、一位洗車店主、一位學生；包括九位男性、兩位女性，其中有三位父親；年齡最大的四十二歲，年齡最小的十九歲；兩人重傷，九人已經犧牲。

也因此，從二〇〇九年二月二十七日至二〇一四年十二月二十三日，在境內有一百三十五位藏人自焚，在境外有五位流亡藏人自焚，共一百四十位藏人自焚，包括二十一位女性。其中，我們所知道的，已有一百一十九人犧牲，包括境內藏地一百一十六人，境外三人。

從時間上來說，這十一起自焚抗議是斷斷續續發生的：二月兩起，三月三起，四月一起，九月兩起，十二月三起。

從地域上來說，仍主要發生在安多地區及康區。其中，安多阿壩（四川省阿壩藏族羌族自治州阿壩縣）三起，安多澤庫（青海省黃南藏族自治州澤庫縣）兩起，康道塢（四川省甘孜藏族自治州道孚縣）兩起，康巴塘（四川省甘孜藏族自治州巴塘縣）一起，安多果洛（青海省果洛藏族自治州甘德縣）一起，安多黑措（甘肅省甘南藏族自治州合作市）一起，安多桑曲（甘肅省甘南藏族自治州夏河縣）一起。

這十一位自焚藏人的名字是：彭毛三智（二十七歲，牧民，犧牲）、洛桑多傑（二十五歲，洗車店主，犧牲）、久美旦真（二十九歲，僧人，犧牲）、洛桑華旦（二十三歲，僧人，犧牲）、卓瑪（三十一歲，尼師，受傷）、赤勒朗加（三十二歲，農民，犧牲）、貢覺（四十二歲，牧民，受傷）、拉莫扎西（二十二歲，學生，犧牲）、桑傑卡（三十四歲，牧民，犧牲）、才讓卓瑪（十九歲，牧女，犧牲）、格絨益西（三十七歲，僧人，犧牲）。

這十一位自焚藏人的生前照片或自焚現場的照片，或

自焚現場的視頻，被當地藏人冒著極大風險從境內傳出，包括格爾登寺僧人洛桑華旦留下的遺書、道孚農民赤勒朗加留下的遺言。事實上，已有多位藏人因此被捕。而之前因向外界披露上百位自焚藏人的相關情況，已有多達數百位藏人遭當局嚴懲，或被拘捕或被罰款或被判刑等等。然而，還是有許多藏人不懼重壓，將自焚抗議的族人事蹟竭力傳出，讓世人瞭解西藏的真實狀況。

如二〇一四年二月十三日自焚犧牲的洛桑多傑的現場視頻上，可以看到他盤坐在地，雙手合十，被熊熊火焰圍裹得全身一動不動。周圍的藏人有出於恐懼而逃走的，也有更多的人在呼喊，還能聽到急促的藏語祈禱聲：「嘉瓦丹增嘉措欽……（尊者達賴喇嘛護佑）。」又如二〇一四年三月十六日自焚犧牲的洛桑華旦的遺書上，主要內容是感恩母親撫育，勉勵族人永遠要做利他的善事，民族之間團結，特別要與漢人鄰居團結，只有雙方互利才能共存。

更多的藏人公開表達對自焚族人的紀念，如在網路上轉發的自焚藏人的肖像下用藏文寫道：「在道孚有一位

名叫赤勒朗加的同胞，為了藏民族的政教燃燒了自己的身體，是民族的英雄，我們表示沉痛哀悼。」而最近被拘捕的就讀於西北民族大學的詩人麥若巴（已獲釋），則在詩中寫道：

是誰，在黑暗中燃燒自己？

把最後的能量照耀雪域！

是誰，在火焰中奉獻自己？

把最後的牽掛留在高原！

是誰——是英勇的使者，

是真理的化身！您離開了，

卻把身軀化成祈求、真理，

傳布於雪域！您離開了，

帶走所有的壓迫、痛苦。

您離開了，千萬人與您同祈願……

二〇一五年一月十五日，北京

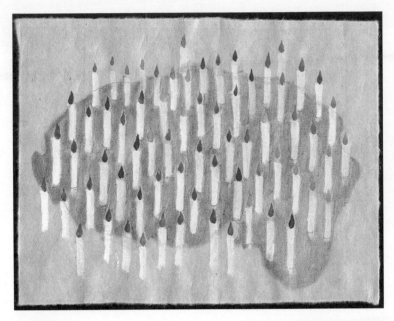

大地重光

把光明帶回雪域大地。

國家圖書館出版品預行編目資料

西藏火鳳凰：獻給所有自焚藏人 / 唯色
（Tsering Woeser）著. -- 初版. -- 臺北市：大
塊文化, 2015.03
　　面；　公分. --（mark；107）
ISBN 978-986-213-591-4（平裝）

1. 西藏問題

676.64　　　　　　　　　　　　104001419